道安大師

高僧傳

彌天聖人

編撰—釋慧謹

【編撰者簡介】

釋慧謹

臺灣海洋大學航管系、輔仁大學宗教研究所碩士、中華佛學研究所選讀、清華大學中文系博士。曾任「西蓮淨苑大專青年念佛會」策進法師、西蓮教育基會董事、人力資源組組長，清華大學中文系、清華學院兼任助理教授。慧日山寺當家迄今。

高中時，因同學食素，稍識佛意。一九八七年加入海大普賢佛學社，旋即素食，親近臺北三峽西蓮淨苑大專青年念佛會修習，大學於佛學社之妙雲精舍早晚課不斷，種下佛種。一九九〇年進入西蓮淨苑常住，隔年依上智下諭老和尚剃度，再次年受三壇大戒。學習淨土、戒律、般若、論典，依恩師智公老和尚及惠敏法師等僧團教育聽經聞法多年，行淨土功課。接引大專學生學佛多年，關心養老議題，望為佛教求生安養盡力。

多年研習佛教石窟經變義理、敦煌變文，足跡遍於各大石窟，論文著作亦多此類。又多教授淨土諸經、《阿含經》、《佛法綱要》等。最大心願為力行淨土，自利利他、往生極樂，祈度生萬悉得解脫。

【「高僧傳」系列編輯序】

令眾生生歡喜者，則令一切如來歡喜

「為佛教，為眾生」六個字，乃是印順法師於臺北市龍江街慧日講堂（後因大門遷移，地址遷至朱崙街）為證嚴法師授予三皈依、並賜法名時的殷殷叮囑：「既然出家了，你要時時刻刻為佛教、為眾生。」

依證嚴法師解釋：「為佛教」是內修清淨行，「為眾生」則要挑起如來家業，走入人群救度眾生。因此法師稟承師訓，一心一志「為佛教還原教義，為眾生點亮心燈」，而開展慈濟眾生的志業。

證嚴法師開創「靜思法脈，慈濟宗門」，並將其與「為佛教，為眾生」合釋：「靜思法脈」乃「為佛教」，是智慧；「慈濟宗門」即「為眾生」，是大愛。

進而言之，「靜思法脈，慈濟宗門」即菩薩道所強調的「悲智雙運」：「靜思法脈」是「智」，「慈濟宗門」是「悲」；傳承法脈、弘揚宗門就要「悲智雙運」，積極在人間發揮慈、悲、喜、捨四無量心。此亦即慈濟人開展四大志業、八大法印時的根本心要。

由其強調「悲智雙運」可知，「靜思法脈，慈濟宗門」並非標新立異，而是傳承佛陀教法以及漢傳佛教歷代高僧的教誨——包括身教與言教，並要求身心皆徹底踐履。為了讓世人明瞭慈濟宗門之初心與悲願，也讓這些歷代高僧的事蹟與精神更廣為人知，大愛電視臺秉持證嚴法師的信念，於二〇〇三年起陸續製作《鑑真大和尚》與《印順導師傳》動畫電影，將佛教史上高僧大德的動人故事，經由動畫電影的形式，傳遞到全世界。

因為電影的成功，大愛電視臺進一步籌畫更詳盡的電視版〈高僧傳〉——採取臺灣民眾雅俗共賞的歌仔戲形式。〈高僧傳〉的每一部劇本都是經過數個月的資料研讀與整理，縝密思考後才下筆，句句考證、字字斟酌。製作團隊感受到每一位大師皆以身作則、行菩薩道的特質，希望將每位高僧的大願與大行傳遍世界。

然而，不論是動畫或戲劇，恐難完整呈現《高僧傳》中所載之生命歷程，以及諸位高僧與祖師之思想以及對後世之貢獻。因此，慈濟人文志業中心便就〈高僧傳〉歌仔戲所演繹過的高僧，以《高僧傳》及《續高僧傳》之原著為基礎，含括了日、韓等國之佛教史上的知名高僧，編撰「高僧傳」系列叢書。我們不採取坊間已有之小說體形式，而是嚴謹地參照人物評傳的現代寫法，參酌相關之史著及評論，對其事蹟有所探討與省思，並將其社會背景、思想及影響皆納入，雜揉編撰，內容包括高僧的生平、傳承及主要思想或重要經典簡介。從中，我們不僅可以讀到歷代高僧的智慧與悲心，亦可一覽相關的佛教史地、典籍與思想。

在編輯過程中，我們可以看到歷代高僧之「為佛教，為眾生」：鳩摩羅什飽受戰亂、顛沛流離，仍戮力譯經，得令後人傳誦不絕，乃是為利益眾生；玄奘歷萬里之險取得梵本佛經、致力翻譯，其苦心孤詣，是為利益眾生；鑑真六次渡海欲至東瀛傳戒，眼盲亦不悔，是為利益眾生；六祖惠能隱居十五載以避害身之禍，只為弘揚如來心法，並言「佛法在世間，不離世間覺；離世求菩提，猶如覓兔角」，亦是為利益眾生……

這些高僧祖師大可獨善其身、如法修行以得解脫，為何要為法忘身、受諸逆境而不退？究其根本，他們不只是為了參究佛法，而是深知弘揚大乘佛法的目的乃在於大慈大悲地度化眾生、讓眾生能得安樂；若不能讓眾生同霑法益，求法何用？如《大智度論．卷二七》所云：

一切諸佛法中，慈悲為大；若無大慈大悲，便早入涅槃。

由此可知，就大乘精神而言，「為佛教」即應「為眾生」，實為一體之兩面。

「大悲」為「諸佛之祖母」

除了歷代高僧之示現，「為眾生」之菩薩道的實踐，於經教中更是多不勝數、歷歷可證。例如，《無量義經．德行品第一》便說明了菩薩作為眾生之大導師、大船師、大醫王之無量大悲：

無量大悲救苦眾生，是諸眾生真善知識，是諸眾生大良福田，是諸眾生不請之師，是諸眾生安隱樂處、救處、護處、大依止處。處處為眾作大導師，能為生盲而作眼目，聾劓啞者作耳鼻舌；諸根毀缺能令具足，顛狂荒亂作大正念。船師、大船師運載群生渡生死河，置涅槃岸；醫王、大醫王，分別病相曉了藥性，隨病授藥令眾樂服；調御、大調御，無諸放逸行，猶如象馬師，能調無不調；師子勇猛，威伏眾獸，難可沮壞。

應化身度化眾生：

如來於《法華經．觀世音菩薩普門品》中宣說，觀世音菩薩更以三十三種應化身度化眾生：

佛告無盡意菩薩：善男子，若有國土眾生，應以佛身得度者，觀世音菩薩即現佛身而為說法；應以辟支佛身得度者，即現辟支佛身而為說法；應以聲聞身得度者，即現聲聞身而為說法；應以梵王身得度者，即現梵王身而為說法；應以帝釋身得度者，即現帝釋身而為說法……應以天龍、夜叉、乾闥婆、阿修羅、迦樓羅、緊那羅、摩侯羅伽、人非人等身得度者，即皆現之而為說法；應以執金剛神得度者，即現執金剛神而為說法。無盡意，是觀世音菩薩成就如是功德，以種種形遊諸國土，度脫眾生，是故汝等應當一心供養觀世音菩薩。是觀世音菩薩摩訶薩，於怖畏急難之中能施無畏，是故此娑婆世界皆號之為施無畏者。

為何觀世音菩薩要聞聲救苦？因為菩薩總是「人傷我痛、人苦我悲」，恆以「利他」為念。如《大丈夫論》所云：

菩薩見他苦時，即是菩薩極苦；見他樂時，即是菩薩大樂。以是故，菩薩恆為利他。

正是因為這般順隨眾生、「以種種形」而令其無畏的無量悲心，讓觀世音菩薩受到漢傳佛教乃至於華人民間信仰的共同崇敬。慈濟人之所以超越貧富、超越國界、超越宗教地去關懷與膚慰需要幫助的生命，便是效法觀世音菩薩無量悲心、無量應化的精神。

在《法華經．普賢菩薩勸發品》中發願、將於佛滅後守護及教導受持《法華經》之眾生的普賢菩薩，於《華嚴經．普賢行願品》中則教導善財童子如何供養諸佛，亦揭示了如來、菩薩、眾生的關係：

於諸病苦，為作良醫；於失道者，示其正路；於闇夜中，為作光明；於貧窮者，令得伏藏。菩薩如是平等饒益一切眾生。何以故？菩薩若能隨順眾生，則為隨順供養諸佛；若於眾生，尊重承事，則為尊重承事如來；若令眾生生歡喜者，則令一切如來歡喜。何以故？諸佛如來，以大悲心而為體故。因於眾生，而起大悲；因於大悲，生菩提心；因菩提心，成等正覺。……若諸菩薩，以大悲水饒益眾生，則能成就阿耨多羅三藐三菩提故。是故菩提，屬於眾生；若無眾生，一切菩薩終不能成無上正覺。善男子，汝於此義，應如是解。以於眾生心平等故，則能成就圓滿大悲；以大悲心隨眾生故，則能成就供養如來。

《大智度論．卷二〇》亦云，佛陀強調，大悲心乃是諸佛菩薩之根本，具大悲心方能得般若智慧，亦方能成佛：

大悲，是一切諸佛、菩薩功德之根本，是般若波羅蜜之母，諸佛之祖母。菩薩以大悲心，故得般若波羅蜜；得般若波羅蜜，故得作佛。

「菩薩若能隨順眾生，則為隨順供養諸佛；若於眾生，尊重承事，則為尊重承事如來；若令眾生生歡喜者，則令一切如來歡喜。」閱及此段，不禁令人深深體會證嚴法師之智慧與悲心：慈濟宗門四大、八印之聞聲救苦、無量應化地「為眾生」，也是同時「為佛教」地供養諸佛、令一切如來歡喜啊！

歷代高僧雖未如慈濟宗門般推動慈善、醫療、乃至於環保、國際賑災等志業，乃因其時空因素，欲度化眾生先以弘揚大乘經教與法義為重；現今經教已備，所須的乃是效法菩薩道之力行實踐！慈濟宗門便是上承歷代高僧與經論之教法，推動四大、八印，行菩薩道饒益眾生，以此供養如來。

換言之，歷代高僧之風範、智慧及悲願，為佛教，也為眾生，此即諸佛菩薩之本懷，亦為慈濟宗門之本懷！這便是《高僧傳》系列叢書所欲彰顯者。

遙企歷代高僧儼然身影，我們可以肯定：為眾生，便是為佛教；為佛教，一定要為眾生！

【推薦序】

中國佛教第一位完人

——陳淑芬（國立清華大學跨院碩博士班學位學程教授、中文系合聘教授）

釋道安（西元三一二至三八五年）是東晉著名高僧，在中國佛教歷史上具有承先啟後的地位。道安大師在學術上奠定了佛經漢譯的文獻整理基礎，創立了「三分科判」的規範，將佛經內文區分為序分、正宗分、流通分等三科加以闡述。在制度上，道安大師建立了出家者「以釋命氏」的創見，使中國僧人開始以「釋」為其姓氏，建立起僧團儀規。在翻譯理論上，道安對於譯語的文質兩難，提出了著名的「五失本、三不易」翻譯思想。在修行上，道安大師精研不同版本的般若經，提出「法身不二」的思想，皈依「彌勒淨土」信仰。其學識人格攝服了淨土宗初祖慧遠法師，使其決定出家。

因此，道安大師在推動中國佛教的發展與創新上，可謂具有「彌天」（或謂自號，或謂與習鑿齒對答之指稱）功績，鳩摩羅什大師甚至推崇他為「東方聖人」，在佛教史上貢獻至鉅。這位悲天憫人和天賦異稟的高僧，其生平值得人們認識與學習之處，均能在此書中尋得詳細介紹，使讀者可見其偉大之處。

本書作者釋慧謹法師將道安大師的生平區分為五個階段，分別在第一章到第五章敘述；第二部分「影響」之壹，整理了道安法師的思想與著述；之貳則論述為道安法師對佛教的創制與貢獻。

第一章敘說道安法師從出生到十二歲的結佛法因緣。道安法師出生時相貌醜惡，五歲時因戰亂父母雙亡，由表兄孔氏撫養長大。道安幼時雖生活清苦拮据，但宿慧聰穎、過目不忘，展現超人的記憶力。因見眾生的憂苦而生大悲心，由大悲心而長養菩提，在十二歲出家，試圖尋找解脫生死之道。

第二章主要講述道安法師剛出家的生活。前三年都是在學作僧眾事，耕地種植，三年後才有機會讀誦佛經；在他展現驚人之記誦力之後，其師才發現道安的非比尋常。二十歲受「具足戒」，使其成為一名正式僧人，之後並讓他外出遊學。道安二十四歲至三十五歲在國師佛圖澄門下學習經、律、論三藏，以戒為師，深研佛法，並被佛圖澄指定為「覆講師」，可預見其將成為一代宗師。

第三章內容講述，在佛圖澄圓寂後，道安在北方傳播佛法，雖然遍地烽火、兵荒馬亂，道安帶弟子沿鄴都西北方躲避禍難，四處遷徙，其間仍講經不輟、註經未斷，弘法名聲播揚全國。慧遠此時仰慕其名，前來恆山隨其出家。

第四章敘述道安僧團一路南遷，直到應東晉名士習鑿齒之邀，前往湖北襄陽弘法十五載。在到達襄陽之前，道安在新野分張徒眾，他深知「不依國主，則法事難立」，但又「教化之體，宜令廣布。」因此將徒眾分派到各地弘法。此外，道安在襄陽整修白馬寺，並廣建佛寺，為僧團建蓋僧舍，讓僧人可以安定下來潛修，增長道業。襄陽是東晉的重鎮，眾多名流時貴、文人、高士匯聚於此；道安先在白馬寺、後於檀溪寺宣講《般若經》，是其弘法的精華時期。

第五章陳述，前秦苻堅因要獲取聖人道安而動干戈，派兵攻打襄陽，恭請道安法師回國都長安，居五重寺，並尊為國師，以聖人之禮相待。道安在六十八歲到七十四歲駐錫五重寺，為道安法師最重要的弘法階段。他主持譯經道場，提出「五失本、三不易」的翻譯理論與原則，並制定適合中國僧團的行事儀軌與戒律制度，統整佛門奠基大業。道安法師不僅在佛法上有所貢獻，亦見機勸說苻堅休戰、悲憫眾生之疾苦；雖然沒有成功，卻盡顯其悲天憫人的一面。於西元三八五年二月八日，道安齋戒沐浴，圓寂往生彌勒兜率淨土。

本書敘事精彩，章章有趣，令人回味反思道安之偉大事蹟和不屈不撓的弘法歷程。

本書描述了道安法師的生平，也讓讀者親見魏晉南北朝當時的朝代更迭快速、多個政權並存之動盪不安。道安法師一生適逢亂世，長期過著顛沛流離的生活，還是精勤修道，不敢稍有懈怠，在戰爭苦難中救度眾生，使佛法的洗滌如同劃破黑暗的光芒，安定眾生身心。本書頗能讓讀者領會道安法師的智慧與悲願，以及「不忍聖教衰、不忍眾生苦」之度化眾生的悲心。

慧謹法師是我在國立清華大學中文研究所指導的博士生，其人文知識豐富，為人謙和誠摯，畢業多年以來一直在為弘法事業精進。此次應慈濟傳播人文基金會邀請編撰高僧傳叢書的道安法師傳，使他能在平日繁忙的弘法利生之餘，重拾筆墨，進行對道安法師行誼的撰寫，也是一件禪悅法喜的度眾工作。今應慧謹法師之請，是為序。

【編撰者序】

楷定中國佛教制度　成就泱泱大國規模

禮敬佛　禮敬法　禮敬僧　禮敬中國佛教第一位完人道安大師。感恩慈濟出版高僧傳，令大眾識知高僧行誼，學習道人風骨、僧人度世本懷，倡導佛教慈悲度脫生死苦海。

道安大師被譽為中國佛教第一完人、東方聖人、印手菩薩。為何稱道安大師為中國佛教第一完人？道安以前中國佛教以梵僧為主流；經道安大師的多項創制與貢獻，不僅令漢僧成為中國佛教主流地位，更促使佛教成泱泱大國之規模，現成世界三大宗教之一。國學大師梁啟超先生形容道安大師：「使我佛教而失一道安，能否蔚為大國，吾蓋不敢言。」又說：「佛教之有安，殆如歷朝創業期，得一名相，然後開國規模具也。」道安大師的思想及創制，深深影響兩晉以後佛教思想制度形成，實因其眼光弘大、博智弘通，方能造就佛教偉業。

道安大師提出「不依國主，則法事難立」弘法論，獲君主護教，慈心為度眾生出苦海，以智慧全力發展佛教，催熟六朝時期佛教，儼然尊至國教地位。其重要的創制與貢獻包括——

一、堅定戒、定、慧三學修行，吸引數百乃至數千僧眾追隨，大弘法化。

二、脫離格義，回到佛教原義解釋性空義理，開啟佛教另一番解經風氣，得佛教本義詮釋。

三、創立本無宗。般若是當時弘法主流，中國有自己的佛學思想，是以這股般若思潮普及於社會，作為代表標的。道安大師的本無宗被認為是當時最符合般若義理的宗派，也是當時最大宗。

四、講經不輟，弘揚般若，襄陽、長安都維持每年開講兩次《放光般若經》，單般若著作達十五種。其它大小乘經典，隨注經或翻譯開講，大弘法化。

五、著作等身，求經、解經、講經注疏、為經典作序言等共五十四種著作，包含戒律、禪定、般若、佛法論著、問答、書信等，智慧大開樂解佛法，為令四眾明瞭佛意，提綱契領明晰詮釋，弘揚正確教法。

六、中國大小乘判教思想先鋒，樹立性空為本兼弘大小乘之風格，至使中國能保留大小乘佛經，成就最豐碩漢文《大藏經》體系。

七、組織僧侶，成為良好軌範，十方慕德求法，栽培佛門良種，力行如來家業，遇兵難之緣，唯念弟子出路與生機，組織化分派弟子往各地弘法，灑出佛種，與隆道風。

八、制定僧尼軌範：因戒本尚未傳入，尋求大僧戒律未得，為讓僧眾團體修行生活有所依循，故創立僧制，制定僧尼軌範，鞏固教團，致天下遵從，猶佛門清規之始，成就大眾修行之道途。

九、一統釋姓：制定中國出家弟子以佛陀世尊之「釋」姓為姓。出家皈投世尊門下修行，姓如來姓，獲法身慧命，重得法性新生，自此中土出家人以「釋」為姓。

十、科制佛經：開創佛經分為序分、正宗分、流通分三分科判，助佛經易解流通。

十一、綜攝佛法：於襄陽時期，整理佛學研讀方法、詮釋法數、阿毗曇，為佛學修行脈絡架構奠基。

十二、綜理群經，作《綜理眾經目錄》，收集整理東漢至東晉約二百年間之佛經，編成中國第一本佛經目錄。列出翻譯者、並判定譯經的時間、新舊、全經或宗撮經等。三藏經典今後不含糊，不論自修或弘傳，都是大師慈行，嘉惠萬代。

十三、主持譯經，是長安時期最大貢獻，由民間轉成國家護持，成為中土第一大翻譯經典譯場，為佛經不足年代，增益重要經典，翻譯出佛經約有十四部，一八三卷，百萬餘言。為翻譯佛經一一寫序言，介紹重要內容，以便學習者容易掌握理解經義。並介紹經論的作者、譯者、版本、異譯本等，都加品評、考定。

十四、提出「五失本，三不易」譯經困難點原則，這是中國翻譯學史上，第一位對譯學提出理論。

十五、由道安法師興起的佛門風氣及儀軌包括：(一) 推定佛誕節在夏曆四月八日，並舉行中國式行佛法事；(二) 以飲食供養賓頭盧頗羅墮尊者；(三) 洗浴聖僧之法。

十六、影響當世：（一）影響國主護持佛教，風行草偃；勸諫少殺，行仁政教化。（二）成為北方學問領袖，提昇學佛風氣，增長義學弘談。（三）建寺安僧。

十七、彌勒淨土信仰是當時主流，包括往生現在兜率天彌勒淨土及未來彌勒下生淨土之思想；經大師推廣，衷心信仰追隨者眾多。亦有說道安大師是往生彌勒淨土思想濫觴。

十八、道安法嗣垂芳萬世，分張徒眾派往各地弘法，開枝散葉，大弘法化，眾多門人列於《高僧傳》中；尤其慧遠大師被尊為淨土宗初祖，延續道安大師之法化，德被萬代大眾。

道安大師睿智楷定佛門道風，精進上求佛道、下化眾生的實踐，堅持戒定慧修行，嚴整僧制，隨機度化，勇猛精進，智慧無限，行菩薩慈悲接納群眾，帶領眾生出離苦境。以智者擇法分明判事，做勇者憤志改善境界，超越生命苦難，悲心度無極，證道得解脫。一生皆逢戰爭苦難，卻衷心願為眾生打造修行福壽安樂無邊境界。

道安大師以高明智慧領眾前行，以勇者無畏承擔因緣責任。訓練徒眾從持恆學習與成長、到捍勞忍苦之養成，行效率有方之教化；以正確方法詮釋佛道，實踐自己能出離生死考場，亦令眾生出離生死考場，是真正的慈悲智慧大勇者。行菩薩六度度生之志業，履佛道道修精勤之教化，成無上上乘之佛道。

有幸執筆道安大師傳記，學習大師弘教之廣博、度生慈悲之深功，廣行法化之弘遠，行菩薩度生之大道，成就解脫到彼岸眾生。大師慈悲智慧典範流芳，菩提法水流灌，道行恩感受惠極多，百拜稽首恩謝大師教化。願學大師捍勞勇敢，機智弘化，學行般若，堅持戒定，勇敢領眾，做事承擔，上求下化，助眾菩提道業成就。

本書撰寫期間，值新冠肺炎席捲全球，極端氣候導致地、水、火、風災難無數；俄羅斯開戰烏克蘭、幣貶通膨、經濟下滑……諸般艱辛，都讓人想起道安大師之勇敢護眾，慈悲承擔，教化不斷。雖領百眾接龍功課，或週週迴向或月月迴向，祈安禳福超薦，悉願佛光普照法化群生，一切災消吉慶福慧生。願以書寫本書功德迴向，新冠肺炎早日消弭，風調雨順、國泰民安，社會和諧、世界和平，民生康樂、自在吉祥，發菩提心，精進佛道。願諸人民善法成就，功德成就，佛道普行，酬恩四重，淨土大化。

致謝

撰寫期間感恩常住全體法師護持，感謝鄭坤櫺等多人護持，幸運得鄭栯羢、盛筠、劉艷秋等盡心幫忙輸入，感恩陳淑芬教授賜序；恩謝慈濟人文志業中心編輯包容，大力雅正內文，成書之美，弘揚祖德。感謝四眾佛子全心護法，成就法水涓滴，潤澤人心；再謝父母親屬，師長同修大德居士，金剛護法，有情大眾，犧牲供養奉獻，共築道基，共成道業。

目錄

第三章 北方播遷弘化之路

安辭不獲免，乃受請開講；名實既符，道俗欣慕。至年四十五，復還冀部，住受都寺。徒眾數百，常宣法化。

第四章 襄陽弘法

無變化技術，可以惑常人之耳目；無重威大勢，可以整群小之參差；而師徒肅肅，自相尊敬，洋洋濟濟，乃是吾由來所未見。

安既篤好經典，志在宣法。所請外國沙門僧伽提婆曇摩難提及僧伽跋澄等，譯出眾經百餘萬言，常與沙門法和詮定音字、詳覈文旨，新出眾經於是獲正。

影響

在家、出家莫不始戒以為基趾也。何者？雖檢形形，乃百行舟輿也，須臾不矜不莊，則傷戒之心入矣。傷戒之心入而後，欲求不入三惡道，未所前聞也，故如來舉為三藏之首也。

貳・對佛教的創制與貢獻

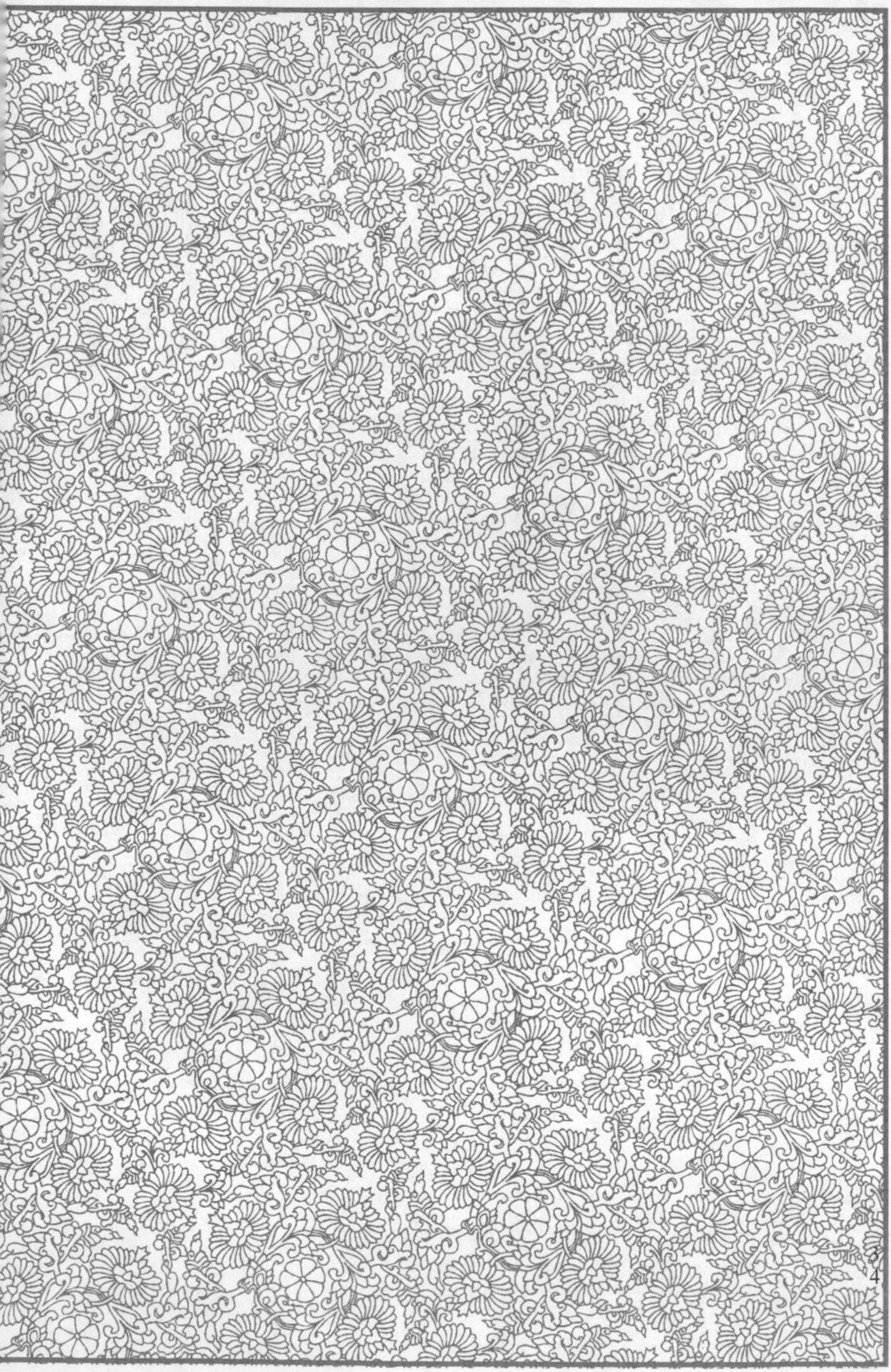

示現

第一章 「生逢百羅」的佛緣

家世英儒。早失覆蔭，為外兄孔氏所養。年七歲，讀書再覽能誦，鄉鄰嗟異。

緣起——道安法師所處時代

中國佛教，東漢傳入至東晉時期都以梵僧為主軸的弘法體系，不論譯經、說法、禪修都是以印度梵僧為主體。直至東晉道安法師的諸多努力，包括弘揚般若、組織僧侶、制定僧尼軌範、一統釋姓、主持譯經、科制佛經、綜攝佛法、影響當世君主等，讓佛教在中國深植內化，加速完成佛教深根中國。道安法師以卓越的精神、高蹈的德行、豐富的學養獨步當世，是中國佛教發展開闢一代風氣者。

西晉末年出生的道安法師是當時一代宗師，為時人所讚歎。前秦苻堅以十萬兵馬攻入襄陽，「慶得道安一完人」；道安法師亦被鳩摩羅什稱讚為「東方聖人」，世人更尊他「彌天釋道安」，可見其對中國佛教之重要性，足以堪稱道安法師是中國佛教史上第一位本土完人，中國僧人在佛教中的主導地位因此奠定。

佛教至魏晉以後才真正對中國社會、思想文化，產生重大影響，積累成傳奇偉績，成為中國文化三大內涵之一。雖然佛教於兩漢之際已傳入中國；然而從無到有、而至興盛，是經過許多梵僧及高僧大德努力；道安法師是當中重要弘揚者，促使佛教更遍植於社會人心。

當時西晉末年混亂，王朝日益腐敗；司馬宗室長達十六年的「八王之亂」，至親禍亂，期間又有北方外族崛起並與晉王朝對峙之「五胡亂華」，令西晉風雨飄搖政亂朝危。至道安五歲時，西晉滅亡（西元三一六年）。

東晉偏安後，經常北伐，誓復故土；而北方胡族為擴張領土，時常相戰，也屢攻東晉，造成北方戰火連連，民生凋敝，苦不堪言。百姓遵信佛教，亦是希望祈求佛菩薩護佑，獲得平安與福田。

早期來華梵僧都是優秀人才，常具特殊能力，異能神通不在話下，藉此權宜弘法，擴大佛教對社會的影響力。例如，東漢安世高精通禪法、五行觀象、醫術、鳥語都能聞聲知心。三國時，吳國康僧會通徹天文圖緯之數、知曉風雲星宿。道安之師佛圖澄以神通吸引君主，成為君臣依怙，進而推展佛教，減少殺戮，安撫民心，廣建佛寺八百九十三所。

當時北方少數民族領袖，征戰四方討伐侵略，殺戮不安，大都以扶持佛教獲取安心。羯人建立後趙、氐人建立前秦、羌人建立後秦、匈奴人建立北涼，都極為崇佛，由君王扶持，使得佛教普及民間。道安法師在這股風潮下，推動佛教披澤於人間，賴於王公貴族扶持，確立「不依國主，則法事難立」原則。

有了君臣的護持，使得佛典翻譯、教理研究、僧團建設都長足進步。僧團或由神通道術吸引眾生，進一步投入教理研究，深研佛典；通過實地修證，契合人心，呈顯佛教義理強烈的感召力，解脫成佛，吸引更多文人仕紳參學。

當時盛行玄學，道安法師對般若學的重視，也順應了這股風潮。其大力弘揚大乘般若學說，窮究玄旨，般若著作達十五種之多，並建立了本無宗，是影響當時義學最大的宗派。道安之思想深獲文人雅士契心，將佛教核心空義探究微奧，令無生之理宣揚於世，使得佛教在知識分子階層廣泛流通。

道安法師德行獲朝野敬重，成為道俗標領，獲得國家資助進行佛經翻譯，吸引廣大佛教人才投入，尋覓未譯重要經典，網羅譯經俊秀之材，將譯經事業從民間分散進行的方式，轉向國家組織運作之新里程。所譯佛經有十四部，共一百八十三卷，百萬餘言；主要經典為說一切有部傳承《阿含經》及論述，或阿毗曇論書，傳承了佛圖澄一切有部之脈，更是自漢安世高以來，第二次大規模將一切有部經典翻譯成漢文。

北方的長期混戰與分裂割據，道安法師大部分的人生經歷顛沛流離，養成風骨堅挺的人格；雖避難各地，仍講經不輟、殷勤弘法，成為撫慰人心的強心劑，於苦難中度化無量無數眾生，脫離憂苦，尋得解脫之道。

道安法師在七十多年的生涯中，主要弘化於華北地區，大約在河北、山西、河南一帶，也南下湖北襄陽十五年，最終弘化於長安並在此圓寂。

道安法師的偉大貢獻還在於，努力進行基本佛教教義分門別類，將法數詮釋註解，深耕佛學基礎脈絡，堅持戒學，深弘禪觀教理，開釋般若義解。這種堅持弘道以濟萬邦的精神，奠定中國化佛教傳世因緣。

隋代天台智者大師對佛圖澄大師、道安大師、慧遠大師師徒祖孫三代讚歎云：「三德相承如日月星，真佛法梁棟，皆不可思議人也。」三祖皆高壽，生年皆有交集，對佛教都有巨大貢獻。孫綽作〈名德沙門論〉，對道安法師讚歎：「釋道安博物多才，通經名理。」又為之作贊：

物有廣贍，人固多宰；淵淵釋安，專能兼倍。

飛聲汧隴，馳名淮海；形雖草化，猶若常在。

雖然讚歎有加，但孫綽比道安早往生十四年，殊不知道安日後對佛法建樹更高，奠定佛教中國化的完成，被譽為中國佛教第一位完人。

出身門第，形貌殊特

一千七百多年前的中國西晉末年，天下大亂，戰亂、災荒年年不絕，道安法師便在如此混亂世道中出生。

道安法師自述：「安末近積罪，生逢百罹，世事孔棘。」其一生之中皆遇政爭、戰亂、荒年種種難罹，真可謂「生逢百罹」。這些磨鍊卻也成逆增上緣；少年的道安因感悲苦無常，種下佛法因緣，與起出離救苦之心，成就出家因緣，精進救度眾生之菩提。

道安法師，是東晉時代傑出的佛教高僧，生於西晉懷帝永嘉六年（西元三一二年），於東晉孝武太元十年（西元三八五年）二月八日往生彌勒淨土，世壽七十四（另一說為七十二）。被譽為「東方聖人」的道安法師年十二歲出家，出生於常山扶柳縣——應是河北省冀縣境的冀州「安平扶柳」；現今古城牌樓高掛「釋道安故里」，紀念這位中國佛教史上第一位完人。俗家姓衛，是書香門第世家，世族中出了不少英傑之才，在當地是一個望族。（註一）

當時婚姻都是講究門當戶對；母親孔氏為當地世族大家閨女，性情賢淑、知書達禮。衛家與孔家的聯姻雖為美談，但於戰亂之世，幸福家庭也籠罩在憂慮中。在戰亂不斷、風雨飄搖中，老百姓生存極為不易，就連豪門貴族也是朝

不保夕。道安父親衛家公子為當地大戶子弟，為維護本族的安全，當時都會參加大戶們堅壁清野的塢堡組織。（註二）

世族中常有朋友知己聚會，談論天下大事。某天，他們如往常聚會時，卻傳來壞消息：西晉永嘉五年（西元三一一年）某日，劉曜、石勒等攻陷洛陽，懷帝被俘虜，洛陽城遍地傷亡，永嘉之世恐是「不嘉」了。

西晉永嘉六年（西元三一二年），懷帝被俘虜的第二年，永嘉之亂、皇綱紐絕之時，衛公子的兒子出生了，亦即道安法師降生，新生命給衛家上下帶來了慶喜。

中國人認為，形貌奇特，大多是與眾不同的特殊人物；道安皮膚黝黑，與一般小孩不相同；此外，他出生時左臂就隆起一塊多餘的肉，上面隱約還有文字形狀的紋理。因手臂上那塊隆起的肉，後人便給道安法師起了「印手菩薩」這個稱號。

古時候的人也有很多特別的徵兆，喜歡用特殊的樣貌來起名；佛經中，印度人也很喜歡用個人特徵來作為其名稱。例如，須達長者，又名「給孤獨」長者，是因為他常救濟孤獨，所以有此別稱。又如「月稱」菩薩，就像月光一樣柔和皎潔，故稱月稱菩薩；維摩詰居士的「維摩詰」為「無垢稱」之意，以清淨無垢著稱。

中國也有類似例子。如周桓公出生時肩膀上有一塊黑記，於是起名為「黑肩」。周代唐叔虞出生的時候手掌心有紋形，形似「虞」字，於是就名為「虞」。

在道安法師的傳記中，只知俗姓衛，常山人，沒有記錄出家前之名諱，所以出家以後就稱呼他「沙門常山衛道安」。「道安」是出家後的法號；當時，不分佛教或外道，只要出家人都叫沙門。又因道安法師面目黧黑，所以又有一個稱號叫做「漆道人」，形容其皮膚黝黑。綜觀這些形容可知，道安法師樣貌不揚，卻是菩薩大器。

生逢亂世，早喪父母

中國自兩漢以來，塞外的部族，遷徙到邊境以及中國內地者日益增加，這些部族統稱為「胡」。經歷漢末、魏吳蜀三國時期（西元二二〇至二八〇年），長期戰亂國力已經耗損；後由魏統一，司馬炎開國，號稱晉武帝，稱為西晉（西元二六六至三一六年），被後人評價「最弱、最亂的大一統皇朝」，只有短暫統一，不久後即衰敗。晉武帝傳位給史上甚愚的晉惠帝，即遭遇八王之亂及五胡亂華，西晉被分裂瓦解，中原再度陷入混亂。

道安出生西晉永嘉六年（西元三一二年），出生前已發生八王之亂（西元二九一至三〇六年），而五胡亂華（西元三〇四至三一七年）也早已揭開序幕，又正逢導至西晉滅亡的永嘉之亂（西元三一一年），四年後西晉王朝就滅亡了，時代之動盪可想而知。永嘉之亂的罪魁禍首，在於賈后亂政與專權。從賈后專權到八王之亂這一連串的亂政，最終導致西晉滅亡。

在西晉末年，胡人趁晉室八王之亂內爭，紛紛舉兵入侵中原，並趁機自立為王。匈奴劉淵之子劉聰，曾經派石勒等進攻洛陽城，西晉兵馬十萬人被殲滅，是為永嘉之亂，發生於道安出生前一年的永嘉五年。五胡在八王之亂以後紛紛舉兵，史稱「五胡亂華」。先是匈奴族劉淵自立為漢王（西元三〇四年），繼之羯族的石勒，以及鮮卑族的慕容皝、氐族的苻堅、羌族的姚萇等五個部落的族人，先後擾亂了中原地區，並趁機自立為王，在一百三十多年當中，中國北方分別成立了十六個國家，稱為五胡十六國時期（西元三〇四至四三九年）。

這些戰爭的地點便發生在道安的家鄉河北，以及山東、山西、陝西、寧夏、甘肅等華北地區。在西晉衰滅之際，整個華北地區戰亂紛紛，燒殺掠奪不斷，社會安定以及經濟都受到了嚴重的摧殘，影響了整個中國文化、政治、經濟諸多的發展。

生於戰爭地區中的孩童，父母忙於應付戰亂及安頓家事，男子為保護家園參與戰爭，甚至不幸身亡，孩童往往成為孤兒。

道安出生的前幾年，冀州地區就經常被匈奴人劉淵的部將石勒侵擾。西晉永嘉二年（西元三〇八年）北上攻打冀州，第二年又掃蕩了道安的家鄉常山，擴及中山及高陽等地區，聲勢日盛。當地的晉將劉琨、王浚兩人，不但不能協力抵抗異族，反而為了爭奪冀州的勢力自相殘殺，令北方的世族及百姓大為失望。

前趙建元二年（西元三一六年，西晉建興四年）道安五歲，此時石勒進攻，與晉將王浚交戰，王浚戰敗，王浚及其部下被斬殺一萬多人，幽、冀二州淪陷。

這一年，幽、冀二州當地很多世族大家，為了保護家鄉，都捲入了殘酷的戰爭當中，因此失去了財產甚至生命。一直堅持堅壁清野的世族大家，不肯與石勒合作，漢族大家便遭遇了石勒大軍的燒殺掠奪。

石勒在戰爭初期之所以對世族大家毫不留情，因其青年時遇到饑荒、生活貧困，曾當過鄔人郭敬、陽曲寧驅的佃客，後來石勒也曾被賣與茌平（山東茌平縣）師懽家為奴，等同奴隸出身，後又成為師懽佃客。石勒後來成為中國歷史上首位奴隸出身的皇帝。

戰爭令很多名望家族，一夜之間家破人亡，衛家也不能倖免，道安的父親就是死在這場災難當中；母親得知噩耗後，悲痛萬分。當時除了戰亂還有饑荒，令百姓流離失所；處於這種飢寒交迫的生活中，母親後來也病逝。那時的道安年僅五歲。

一般年僅四、五歲的小孩，失去父母後內心一定非常恐慌，為了生存而掙扎，在辛酸苦澀中度過童年。然而，道安還算幸運，有親族的幫忙，讓他得以平安長大。

常山衛家被滅以後，母親帶著幼小的道安投靠娘家親戚。母親娘家是「家世英儒」，為孔子後代之閨秀、漢代孔郁冀州刺史之後；孔郁之子孔揚被封為下博亭侯，世代居冀州北四十多里之下博村，距離道安家鄉僅三十里路。道安的成長，便於母親的外家奠定深厚儒學功底。

母親病亡後，道安便被表兄收養。道安表兄是謙和知禮的讀書人，心存慈悲；加上信仰佛教，寬厚仁慈，對於年幼父母雙亡的道安疼愛有加；每當到寺廟拜佛的時候常帶著道安，希望佛陀保佑小道安順利長大。

石勒占據黃河以北地區後，道安家鄉一帶也逐漸安定下來。因石勒很重視中原文化，在前趙嘉平三年（西元三一三年，西晉建興元年）占領鄴城以後，就興辦了教育，成立太學，以儒家經術教育弟子。又在前趙光初二年（西元三一九年，東晉太興二年）又在襄國（今河北邢台西南）增設了宣文、宣教、崇儒、崇訓四門等十餘所小學。可以想見，當時石勒治下的區域，私塾教育即便沒有得到鼓勵，也不會受到什麼破壞。

道安巧遇朝廷挑選聰慧兒童弟子入學接受教育的機會，七歲那年也進了私塾。在這樣一個離亂的時代，他能有機會入學讀書，也算幸運了。

感悟無常，童貞入道

道安宿慧早熟，善讀世間書，鄉鄰莫不感到詫異。

道安入學後，認真學習，表現出非常聰明稟賦，書寫幾遍、朗誦幾遍，就能背誦出來。稍長，識字多了以後，文章一到他手裡，再次閱覽後便能背誦出來，簡直是記憶天才，鄉里都非常讚歎。

道安十一歲已經能通覽《詩》、《書》、《禮》、《易》、《春秋》等儒家經典，並廣覽古籍，且常抒發自己的見解，書寫簡要而流暢的文章；鄉里間更是推讚他的宿慧聰穎，成為文章創作的天才學霸。孔家眷屬看著小道安的聰慧異常，非常高興，認為他將來必成大器。

石勒稱趙王以後，加強對推舉人才的重視，命令州郡每年各推秀才、孝廉、賢良、直言、武勇之士各一人，很多像孔先生這樣的讀書漢人，也都在為自己的仕途之路打算；所以，孔先生對小道安的天分寄予厚望，希望他日後能夠科考仕進，光宗耀祖。

石勒、石虎雖是異族，但都崇信佛教；並且，自神僧佛圖澄成為石氏國師以來，石氏君王就大力發展佛教，四處興建寺廟。據載，佛圖澄在石氏前趙推行佛教，所建立的佛寺多達八百九十三所。小道安除了熟讀儒家五經以外，也一直接受著佛教思想的薰染。

年少道安生性好靜，喜歡一人獨坐靜處，寄神於幽遠之域，思索生死大事：人們為何來到這個世上，卻又要遭受這麼多的苦難？又為何這麼多人要喪失性命？這些問題在過去所學的儒家世間善法中，找不到答案。宿慧的道安，當然想要獲得答案，轉向自小就耳濡目染的佛教來尋求；跟著眷屬經常到寺廟裡，聆聽法師開示，讓他多多少少有所感悟，轉向了佛法學習，想解開人生的根本道理。但是，年紀幼小的他似懂非懂，苦於沒有師長點化；所以他內心暗暗發願，將來一定要進入寺廟出家，學習更透徹的道理。

他的表兄孔先生是寄望著道安，將來成就仕途；但是，道安認為，自已的雙親都是死於石氏的戰亂，他能投靠石氏政權為臣嗎？道安思考了很久，勇敢地向表兄提出了出家要求；出家才能解脫生死苦，這才是在戰亂之世解救眾生的方便法門。

十二歲時，他就到離家較近的寺裡長住下來；他所出家的寺廟，正是冀州的受都寺。聰慧的道安，在六十餘年的僧涯中，漸漸體悟出佛法深理，扛起弘法度世的重責大任。

【註釋】

註一：關於道安法師生平另有不同說法。《名僧傳抄》說道安法師十八歲出家。實際出生地點，據《晉書．地理志》，常山屬於冀州的一個郡，當時的冀州一共統十三個郡國，常山底下又統設八個縣，但是沒有扶柳或五柳這一縣。根據現代學者考證，「常山扶柳」或是釋慧皎的筆誤，道安實際出生在冀州「安平扶柳」。姓氏亦有異說：清乾隆二十四年《襄陽府志》即清《冀州志》，皆謂「釋道安，姓魏氏」，但一般皆沿用《高僧傳》「衛」姓為主。

註二：塢堡，又稱塢壁，是一種民間防衛性建築，大約形成於王莽天鳳年間；當時北方大饑，社會動盪不安，富豪之家為求自保，紛紛構築塢堡營壁。東漢建立後，漢光武帝曾下令摧毀塢堡，但禁之不能絕。由於西北邊民常苦於羌患，百姓又自動組織自衛武力。黃巾之亂後，塢堡駐有大批的部曲和家兵，成為故吏、賓客的避風港。史家陳寅恪在〈桃花源記旁證〉一文中認為：「西晉末年戎狄盜賊並起，當時中原避難之人民……其不能遠離本土遷至他鄉者，則大抵糾合宗族鄉黨，屯聚堡塢，據險自守，以避戎狄寇盜之難。」塢堡可以算是一種地方自衛武力，後來演變成南宋的義軍、清代的團練。

第二章　出家求道遇明師

至鄴入中寺遇佛圖澄；澄見而嗟歎，與語終日。眾見形貌不稱，咸共輕怪，澄曰：此人遠識，非爾儔也。

出家求道

道安十二歲投於冀州受都寺出家。為何要出家？出家為了脫生死、利益眾生、成就佛道。

佛陀對出家僧眾耳提面命三件事。出家三件事：一者坐禪，修習禪定；二者誦經，背誦經典，聞法修慧。三者僧眾事、佐助眾事、出坡事。（註一）亦即為了安僧護法、利益大眾修道，僧眾應該做的弘法利生、修福修慧之事。若具足作三業者，是應出家人法；若不行者，徒生徒死，或有受苦之因。

坐禪、誦經是修慧門，因為都是幫助心性成長斷煩惱、了脫生死的直接方法，故屬於修慧門；做僧眾事、佐助眾事則是修福門或修慧門。若以人天道為修行目的，目的是積福，則僧眾事屬修福門；若以菩薩道了脫生死、成就佛道為目的，就屬於修慧門。因菩薩道的前提，是為了利益眾生，幫助眾生解脫生死、成就道業，在眾生解脫之前先讓眾生離苦，故修菩薩道六度萬行幫助眾生，令發起出離道心，修學佛法，趨向斷煩惱了脫生死之道，故修菩薩道歸於了脫生死的修慧門。

道安初出家時，師父也是依此原則來教導道安。沙彌出家尚未領略坐禪、誦經等修慧事，而學做僧眾事是應該的，所以先讓道安累積福報幾年，派他在田裡耕地三年；又因戰亂時期，僧眾耕地種糧、自給自足地養活僧團是很實際的方法；一方面接受鍛鍊，另一方面考驗是否真心為學習佛法而出家。也因道安形貌黝黑，氣韻上還看不出才學涵養，故剃度師採用修福法門，讓他在田裡做粗活。

道安勞作不息，勤勤懇懇，沒有絲毫怨言跟惱怒之色。學習僧團勞動作務，讓他更能適應僧團生活，也學習著僧團中各種清淨持戒方法與依教奉行的精神。

慧根聰明，讀經即誦

出家三年之後，道安十五歲了，對僧團一切作務也已熟悉。有一天，道安向師父提出想鑽研佛經的願望。師父見他幾年勤執勞作，表現甚佳，便順手翻閱經櫥，給了他一卷《辯意經》（現《大藏經》中稱《辯意長者子經》）希望他作務之餘能夠研讀。

《辯意長者子經》是道安出家後研讀的第一本經，屬小乘經，全經有五千餘言。經文大意是，舍衛城中一位長者之子，名為辯意，他向佛陀請法：人是由於什麼因緣得以生天上、或生為人、或生地獄、餓鬼、畜生中？又為何因緣常生為人、受世人所尊重？又何因緣生為奴婢受人驅使勞役？又何因緣生為平民百姓，能口氣香潔身心安樂自在，為人所稱譽不被誹謗。又為何因緣有人卻被人誹謗憎恨，甚至身形醜陋常懷恐怖？又何因緣有人善根具足，所生之處常與佛相會，聞法都能信受奉持從不違犯，並常遇善知識皆發善心，想發心作沙門常能如其所願？以上問題，希望佛陀世尊垂慈，分別解說，並令法會大眾皆能聽聞正法，願使有情皆得受度，安樂自在。

佛陀用因果業報的方式，向他一一解釋。例如，佛陀教導不犯「殺、盜、淫、妄、酒」五事，得生天上；以「布施、持戒、忍辱、精進、奉孝盡忠」等五事，得生人中大富長壽端正威德。行五事則生地獄：不信佛法輕毀聖道；

破壞佛寺尊廟；四輩（比丘、比丘尼、優婆塞、優婆夷四眾也）轉相謗毀無有上下；君臣父子不相順從；或當來有欲為道者，已得為道，卻不奉師教而自貢高，反輕慢謗師，以是五事死入地獄，展轉地獄無有出期。包括墮於餓鬼、畜生等惡道，或是受人尊敬、或是為人奴婢、乃至於得為沙門等，皆以「五事」解釋其所以如此之因緣。

道安非常高興地接過《辯意經》，便攜帶到田間勞作，休息之餘便專心讀誦起來。《辯意經》有五千餘言，只一天時間，道安便背誦相當熟悉；因其心念純潔，心思專一，故能過目不忘。傍晚回到寺中，道安便將經書歸還師父，並再次請求師父借予其他佛經。師父心中疑惑，昨天授予的經書還未讀完，今日怎又要求別的經書呢？道安回答：「《辯意經》弟子已經能背誦起來了」。師父對道安一天之內能將五千餘言的《辯意經》背誦下來有些詫異，便又找了一萬餘言的《成具光明經》給他。

如同昨天一般，道安歡喜地帶著經書來到田間，一邊勞作、一邊利用空檔讀經。《成具光明經》在《大藏經》中稱為《成具光明定意經》，是屬於三昧經類。不同於教授如何修習禪定的禪經類，三昧經的意思是指修等持法，即內心等持於其所修的善法，令心專注一境；也就是說，內心念茲在茲於所修行的法門，而獲得內心與所修的所緣境同一境性，使心入於同一法性中。

《成具光明定意經》的要義為宣說修行一百三十五淨行事，也就是內心專注於一百三十五淨行事之修行，修到獲得一百三十五淨行事的箇中三昧，而能「成就具足光明定意」，能使功德圓滿、速得佛道。

道安看了非常著迷，並從中了解，原來能通過廣修種種淨行事，達到成就佛道。也因此，道安的修行中，對廣修眾善極為重視，正體現菩薩精神。

道安的背誦能力自小就天賦異稟，在背誦佛經上一樣得心應手；到了傍晚，這部一萬六千餘言的《成具光明經》已背誦下來。回到寺中，便把經書交還給師父。師父感到疑惑，昨天已借予的《辯意經》還沒讀完，再給了一部《成具光明經》，怎麼又拿回來了？師父問他：「你的經書熟讀了嗎？」道安說：「已經背誦起來。」師父便決定考核他。當道安將《成具光明經》流利地背誦完畢，師父大吃一驚，竟然有人能背誦得一字不漏，這是何種上等善根！作務勞動已非常辛苦，所餘時間不多，依平常人看書的速度還看不完，何況背誦這一萬六千字的經文！師父內心非常歡喜，便對道安說：「你獨具慧根，對經文素有善慧，才能背誦流利。要珍惜今世出家修行的福德，將來必定有大成就。」

由於道安驚人的記憶力，善於背誦佛經，師父在深知其根器後，就改變對他的教法，道安因此也獲得了更多的經書及閱讀機會。師父為了讓他在待人接物上有更多歷練，有時安排他出寺辦事，體驗世間疾苦，思索如何方便救拔眾生，增長菩提心。道安對師父的用心良苦也極為感激，砥礪自己在修行路上更加精進不懈，以回饋師恩。

初結法緣

道安這段期間與另一位僧先沙彌交好。由於兩人都是還沒受具戒的沙彌，平時有很多共同話題，例如師父教導了哪些經典、僧團的共修如何進行、乞師教誡的禮儀、同修道友間如何共處策勵精進、嚴持重戒的方法、精勤辦道、護持三寶、救度急難、接引眾生學佛等。

兩人並非如某些人只是為了逃避亂世、果腹溫飽而寄身僧團，而是各有自度度他出家弘願，希望能學習佛法、弘揚佛法，拯救世間苦難，廣度有緣，同趨解脫。於佛法交心結成法友，曾相互約定，日後一定不忘曾經同遊之法友，兩人日後也結下一段更深的法緣。

當道安年滿二十歲，符合受具足戒的年齡，師父便為他受比丘具足戒。具足戒又稱大戒；要成為正式的比丘必須受比丘大戒，要成為合格的比丘尼也必須受比丘尼戒。當時有受戒法，但尚未傳入完整比丘戒本。

為什麼要年滿二十歲才能受戒呢？因為戒律中規定，大僧必須堪忍飢寒渴熱，忍受風雨、蚊虻、毒蟲等難耐之事，並能具諸威儀。具足戒嚴格規範僧人所應謹持之戒，才能取得比丘、比丘尼出家人的真正資格。

受過具足戒之後，道安成為威儀具足、持戒嚴謹的大僧，所以師父決定讓他「恣其遊學」。師父想，這樣天資穎悟的英才，應該讓他去雲遊歷練，尋得更高明的大德教導他。

因此，受具足戒不久後，道安便離開了受都寺，開始了行腳參學，也是行腳遊化。佛教初期佛陀制定僧人要外出行腳遊化；因為，如果僧人只限一定的地方修行，那佛教就沒有辦法推展出去。所以，佛教推展過程重視僧人行腳遊化，走到哪裡便把佛法推展到哪裡去，佛陀一生便四處行腳弘化。

僧人出去行腳，帶著衣鉢外出，所謂「一鉢千家飯，孤僧萬里遊」。鉢是僧人吃飯的用具，帶著鉢便能走遍千家遊化說法，孤僧也能萬里弘法。法師說法，居士便會供養飲食，相互間有了互動交流的機會，便是弘揚佛法的因緣。另一方面，僧人藉著遊化參學，尋訪善知識向其學習，獲得戒定慧種種修持方法，增長道力。佛陀成就前，也是參訪很多善知識尋道，最後方能於菩提樹下成道。

僧人遊化行腳，磨練堅定的意志力，以及獲得明師指導、善修諸法，也增加弘法的歷練；能自我成長，也給眾生有得度因緣。

道安二十三歲在冀州遊學時，收曇徽為弟子；時曇徽年十二歲，追隨道安修行。道安見其神彩出眾，先令讀書，於二三年中，學兼經史，至十六歲方許剃髮。此人後來亦是佛門法將，專務佛理，心思沉靜，解悟幽凝，未及立年，便能講說。曇徽跟著道安學習，也歷經著行腳過程中的相互護持，道侶之緣逐漸成形，追隨道安直至襄陽，念師教解，悉皆遵從。

道安二十四歲時（咸康元年，西元三三五年），遊學到了後趙國都鄴城（今河北臨漳縣）拜訪明師佛圖澄。事師佛圖澄，是道安一生的重要轉捩點；道安二十四歲至三十五歲事師，直至佛圖澄往生前兩年。

佛圖澄忍辱負重，勸化石氏君主

道安之師佛圖澄，偉大之處為忍辱負重、勸化後趙石氏君主，以神通力救度亂世蒼生，通達戒定慧、大弘法化於中土。

佛圖澄（西元二三二至三四八年）壽長一百一十七歲，西域人，九歲在烏萇國出家；來晉土之前，在西域已是得道高僧，本姓帛。中國向來以梵僧所來地域稱呼其姓氏；例如，天竺來的就姓竺，康居國來的就姓康，安息國來的就姓安，所以也有人稱佛圖澄為「竺圖澄」；又有一說其為罽賓（迦濕彌羅）人，故姓濕。

西域梵僧為了弘揚佛法，不惜千里跋涉，越過流沙大漠，忍受嚴寒酷暑，千里迢迢地來到中原，以善持經論遊化宣講，行度世本懷。佛圖澄以一切有部小乘法為傳承，清真務學，不只熟讀記誦佛經數百萬餘言，且善解經中法要。

佛圖澄七十九歲時，值晉懷帝永嘉四年（西元三一〇年），自西竺經敦煌至洛陽，本想在洛陽建寺傳教，卻遭遇匈奴劉曜攻打洛陽，建寺希望暫止。於是他潛隱草野二年，靜觀時局，等合適時機再出世弘法。

在道安幼年時，北方外族中，石勒以羯胡之族稱霸中原，其所建立的國家是五胡十六國中的後趙。後趙在石勒與姪兒石虎的統治期間，對佛教相當尊重，便是源於西域高僧佛圖澄的勸化。

讓殺戮及暴政聞名的石氏君主，能夠刀下留人，實屬不易；當時將被殺戮者，十之八九經佛圖澄的勸解而獲免。佛圖澄輔佐石氏君主三十餘年（西元三一〇年至三四八年），其神通修持與教義弘化都相當攝化人心，勸化君主止惡向善，被石勒與石虎等敬為「大和尚」、「國之神人」、「國之大寶」，國有要事必相諮澄，加以禮遇。

其實，在戰爭的年代，不殺生是非常困難的，尤其是侵略奪取、開疆擴土戰爭時期，殺戮頻繁，遍地哀鴻。佛圖澄於三十餘年時間裡，雖受石勒、石虎奉為國師，但伴君如虎，仍隨機發揮強大的勸化力，以減少殺戮，極為難能可貴。這也體現了佛圖澄忍辱負重、亂世入世的大慈悲心。

他的精神就如同地藏王菩薩，以「我不入地獄，誰入地獄」的大悲願力，為度眾生而犧牲奉獻。救度眾生解脫，本是一切諸佛的本願；地藏王菩薩以地獄眾生最苦，若不去幫助他們，又有誰能幫助他們？同理，佛圖澄深解戰爭是人間地獄，他就往最苦的地方去，選擇接近君王、減少殺戮以救度眾生，這是佛圖澄的慈悲大願。

五胡中，最早立國為劉淵所立之後漢，到劉曜時改為前趙。永嘉五年，劉曜攻陷洛陽，西晉慘遭外族滅頂，懷帝被擄，凌辱二年後被殺，是為永嘉之禍。永嘉六年（西元三一二年，道安出生之年）劉曜的部將石勒，在葛陂（現今河南新蔡縣西北七十里）一帶屯兵；胡人以殺戮立威，百姓慘遭屠殺者不計其數。佛圖澄聽到此事後，悲憫眾生遭逢此難，便改變計畫，離開洛陽，決定前往石勒軍營，以佛法度化殘暴的石勒，減少天下蒼生所受之苦。當時佛圖澄已八十一歲，決定勇入難境救度眾生。

前趙明帝石勒（西元二七四至三三三年），出身於羯胡，為南匈奴羌渠人，其祖先為匈奴分支部落的貴族。石勒健壯有膽識魄力，雄健威武，更喜愛騎射。

他打仗很厲害，殺人也厲害，「屠城」和「殺降」皆能面不改色。

佛圖澄先到石勒的故鄉山西太行山西麓武鄉縣建立南山茅蓬寺，隱居二年。雖然為拯救蒼生，但他並沒有直接找石勒，而是來到石勒之大將郭黑略的軍營中；因郭將軍信奉佛法，可作引薦人。

郭黑略聽聞高僧佛圖澄到來，對他非常恭敬，並且跟隨佛圖澄受了五戒，執弟子之禮。自從有了佛圖澄的幫助，一年下來，郭黑略跟著石勒打仗時，往往能預知勝負；石勒感到很驚訝——為什麼郭黑略突然有了這等預知勝負的能耐，平常他並沒有什麼出眾的智謀啊？於是，他喚來郭將軍詢問。郭黑略笑而拜道：「不是在下料事如神，而是將軍您有天神擁護、神靈相助。」便把佛圖澄來到軍中的事情向石勒稟報，並且向石勒說明：「佛圖澄大師說將軍您有大神武，將擁有華夏廣大疆域。我現在已拜他為師。」石勒聽了非常欣喜，立即召見。

石勒向來驃悍，但重巫術，敬畏身懷神通之人。石勒見到佛圖澄，便問道：「佛法裡有什麼靈驗的事？」佛圖澄想，面對亂世梟雄，只能投其所好，用道術神通取得石勒的信任，就回答：「大王，佛法至道的妙理，非言語所能道盡。為了讓您相信，不如以眼前小事驗證。」

只見佛圖澄取出自己乞食用的鉢，將鉢盛滿了水，燒香念咒；不一會兒，鉢中便生出漂亮的青蓮花，光彩奪目。石勒一下子就被佛圖澄的神通震住了，對佛圖澄大為折服。

一次，石勒自葛陂還河北，途中宿營於坊頭（今河南省浚縣），才安頓完畢，佛圖澄就預知坊頭人想夜襲劫營，對郭黑略說：「趕快去報告將軍，要早做準備，今夜有人劫營。」因防備在先，故未損失。

雖然佛圖澄屢顯神通，但伴君如伴虎，石勒正處於征戰時期，警戒心極高，石勒對佛圖澄仍抱持著懷疑心態，故要找機會試探佛圖澄。某天夜裡，石勒戎裝在身，手執利劍，坐於軍帳中傳命：「夜裡不知道大將軍去了何處？請大師來軍營中尋找。」石勒心想，如果佛圖澄果真來了，那便中了圈套，我不如一劍砍了他，因為這個和尚根本就沒什麼神通。使者剛剛來到佛圖澄住處，還沒來得及開口，佛圖澄就大聲喝道：「現在平安無寇，大將軍卻衣甲持劍，這是為何？」使者見事跡敗露，大吃一驚，飛奔趕回去報告。經此一事，石勒心裡對佛圖澄更加崇信。

後來，佛圖澄屢次為石勒的軍政預卜吉凶，都是神機妙算，絲毫不差，令石勒越來越佩服。某一回，在石勒跟劉曜決戰時，他命令一童子齋戒七天，然後將塗抹過麻油胭脂的手掌給童子看，掌上耀目生輝；子即見掌上有許多兵馬，其中一個人被紅絲繩綑綁雙手。佛圖澄說：這人是劉曜。不久，前方傳來消息，石勒活捉了劉曜。

因佛圖澄一再以神通度化眾生、用佛法輔佐國事，令石勒越來越倚重；

其儀範事蹟越多，十方就越加仰慕。在石勒等人的心目中漸漸成為一位神僧，終至對佛圖澄極甚敬重。石勒一方面支持佛教，護持佛圖澄建寺收徒弟，也將自己幾位幼小兒孫寄住在佛圖澄的寺中，每年佛誕日都會親臨寺院，禮佛發願。

佛圖澄待石勒絕對信賴他之後，開始為石勒講述佛法慈悲不殺的道理，幾次向石勒進諫道：「國君須以德政攝服人心，以仁民愛物來潤澤百姓，如此則日月星宿，齊能呈現瑞相；若是以濫殺來樹立威德，則弊病叢生，天下無道，如此則彗星出現，國家將有災異。此天人感應之道，是古今常理，願陛下明鑑。」石勒對這些話深深信服，行為多有收斂，百姓皆蒙其益。

建平四年（西元三三三年）四月，天靜無風，室外塔上鐵鈴卻能鏗鏗作響，甚是奇怪。佛圖澄馬上意會出其中道理，便轉身對身邊的人說：「這個鈴聲非常悲愴，不出今年，國家將有大喪。」果然，在七月的時候，石勒就病死了，其子石弘襲位。

但不久後，西元三三四年冬十一月，石虎認為，大趙江山是他身擋箭石、衝鋒陷陣、攻克十三州才完成；若以軍功論賞，大單于及王位皆屬於自己。便殺了石弘而篡位稱帝，稱居攝趙天王，並把國都從原來的襄國（現今河北省邢台縣西南），遷都到了鄴城（今河北省臨漳縣）。後趙建武元年（西元三三五年）秋九月，佛圖澄也跟隨到了新都鄴城。

對於佛圖澄，石虎比石勒更加親近仰慕，稱佛圖澄為「國之大寶」、「大和尚」，稱帝後下了一道詔文表彰佛圖澄：大和尚是「國之大寶」，他不做高官，不受厚祿，清淨自持，淡泊名利，如何表旌他的品德呢？應當從此以後，讓他衣以綾羅綢緞，乘以雕花車輦，每逢朝會和尚也會升殿，常侍以下的官員，應該幫他推著車輦，並由太子及諸王公大臣恭敬地攙扶和尚上車，掌管朝儀的司儀則應該大聲呼班：「大和尚至」，在座百官皆應起坐，表示對大和尚的尊敬。

當時佛圖澄已年過百歲期頤之年。石虎又命令司空李農早晚要去探望問候；而且規定太子及王公大臣，每五日要向大和尚請安一次。

石虎雖然崇信佛圖澄，實則只是想藉由佛圖澄的神通法力，來助益自己的朝政，鞏固江山，對佛教甚深義理並不了解。後趙建武九年（西元三四三年，東晉建元元年），石虎發兵征討前燕慕容皝，吃了敗仗，傷亡八萬餘人。同年十二月，石虎又出兵攻打前涼張駿，同樣大敗而歸。此時，石虎的軍隊四方告急，又發生東晉大將桓溫率領大軍，屯駐臨淮，對後趙構成了巨大威脅；石虎坐立難安，後趙人民也人心惶惶。

某日，石虎不禁憤怒喝道：「朕一向奉佛供僧，近日戰事屢戰屢敗，連連失利，這般佛法還有什麼靈驗呢？」次日，佛圖澄上殿，石虎又向佛圖澄問及此事，佛圖澄緩緩地勸諫陛下：「佛法有何不靈呢？大王前世做過大商主，有一次在罽賓（今喀什米爾地區）的寺院參加大法會，敝僧亦躬逢盛會，當時還有六十大阿羅漢在場，其中有一位得道高僧對我說：『將來這位商主，必定能投身於晉地，成為統治疆域的大王。』這點不是已應驗了嗎？怎麼說佛法不靈驗呢？何況，疆埸軍寇勝敗乃兵家常事，陛下何必以此怨懟佛法僧三寶，還興起毒念呢？」

石虎對因果輪迴報應之說雖然不清楚，但佛圖澄的說法石虎還是覺得可信；再加上佛圖澄神通廣大，預言吉凶，每事必定應驗，更不敢再生疑慮。石虎立即起身，跪在地上向佛圖澄表示極大悔意。尊貴的皇帝能跪地懺悔，也是起大懺悔心了。

石虎覺得，自己雖然崇佛多年，但是佛法深意到底為何，仍弄不清楚。於是他向佛圖澄請教：「大和尚，佛法究竟有什麼核心道理？」佛圖澄想，石虎的殘暴殺掠比起石勒還有過之；為了天下蒼生性命，應該勸石虎慈心戒殺。於是，佛圖澄便說：「佛法簡單說就是仁慈勿殺。」石虎一聽，似乎難解其意，又問：「朕為天下之主，非行殺戮無以肅清海內；如果我違背戒律殺生，雖然誠心奉佛，如何能獲得福田呢？」

佛圖澄回答：「帝王統領天下之事，其事佛當然跟一般人不同；大王只要盡力做到，體恭心順，顯揚佛法僧三寶，不興暴虐，不濫殺無辜，則可獲得福田。至於凶殘無賴之徒、難以教化者，犯有重罪不得不殺；或是有惡之人不得不刑者，就應當遵行國法，當殺可殺，當刑可刑。如果是大王暴虐恣意，殘害無罪之人，那麼即使傾盡一切資財來奉事佛法，恐怕也難解禍殃。願陛下反省殺心，興起慈悲，廣及一切有情，必能德播宇內，使佛法昌隆，陛下福田必能綿綿不絕。」石虎雖然不能完全聽從，卻收斂了不少殺戮行為。

佛圖澄既在後趙推行佛化，北方信眾越來越多，所經州郡，中州、胡、晉一帶，很多百姓大都蒙受佛圖澄的勸化恩澤而信佛；所建立佛寺，凡八百九十三所，度僧萬餘人。佛法興隆的情況可謂空前，其教誨真誠篤實。當時群眾受他影響奉化，競造寺宇。

然而，佛教雖暢行天下，雜亂情形也隨之盛行。群眾皆相率出家，卻引來為逃避繇役以及被徵召上戰場而出家者，致使僧人品類雜濫，難免真假混淆，良莠不齊，橫生許多不良事故。石虎也認為：「沙門皆應高潔，貞正精進，然後可為道人。今沙門甚眾，或有姦宄避役、多非之人，應該予以料簡，詳議真偽。」於是下詔囑咐中書，命令群臣商議簡議僧人真偽。

因此，當時中書郎王度、中書令王波等人，立即上書石虎以儒家正統理論為依據，要求全面禁止佛教。王度認為：「佛教在漢朝初傳其道，只聽許西域僧人於都邑立寺敬奉，漢人皆不得出家，到了魏世仍然維持此風。」捍衛儒家之學者認為，佛是國外聖人，不是華夏之聖，國君不應當信奉，而且還要嚴禁漢人出家奉佛；後趙的國政也應該率由儒家舊章，承襲沿續前軌，令出家僧人還俗為民。

這等書生官員卻沒想到，石虎本人就是外國胡羯之人，正要在儒家傳統之外，為自己找到一個支持政權的理論。所以，石虎聽到奏書以後極為不悅，便立即下詔書，對王度等人的看法堅決反駁。石虎說：「王度等人的奏章，以佛是外國聖人，華夏君民不應信奉；朕正是出身於邊壤之地，應天之運，能君臨華夏，在祭祀方面，還要兼顧原來風俗。所以，佛是外國聖人，正是我們所要堅固信奉者，不要拘泥前代的規定。趙國一切人民，只要他樂於事佛，為斷煩惱、了生死者，皆可出家為僧，此制已訂，可做永世之則。」

這是中國歷史上第一次明令漢人可以出家的條例，從此佛教在中國得到了更廣泛的發展。佛教自東漢初年傳入中國，一直受到儒家正統思想排斥，漢魏朝廷都明令漢人不得出家為僧，因而對漢族影響力不大；但石趙統治者大力推行佛教，並打破漢人不得出家的禁令，鼓勵漢人改信佛教。當時社會正處充滿戰亂、動見誅夷情況下，佛教明宣善惡報應、生死輪迴、慈悲戒殺，深受社會歡迎；五胡時期，佛教甚至被提升至國教地位。

佛圖澄發不畏生死之心，八十一歲還來苦土度眾生。用三十餘年時間佐助石氏王朝，表現機智大勇，險伴君主，幾度險為君主所害；如此犧牲奉獻，是為了度化君主，減少殺戮救度千萬百姓。由此看來，佛圖澄似乎已具備初地菩薩之特質。

如《華嚴經》中記載，初地菩薩超越五種怖畏——

第一，無不活畏：不怕活不下去；菩薩以了達萬法相空，不生三毒，不怕活不下去，故能布施一切所有，不積聚財寶廣施。

第二，無三惡道怖畏：不怕入三惡道度眾生，選擇入亂世度眾生。

第三，無惡名畏：不畏懼惡名譏嫌，故能入殺戮王朝險伴君主。

第四，無大眾威德畏：即無大眾中的怖畏、無怯眾畏——不怕處於大眾之中，仍然具有大威德，能度一切朝臣萬民。

第五，無生死畏：不畏怕生死，能為眾生付出一切，犧牲生命都無所畏懼。

佛圖澄應已具備以上五種特質，完全犧牲奉獻，成就自他道業，度人萬千，大弘法化，建寺八百九十三所，度僧萬餘人，刀下留人不可計數，無人能及。

佛圖澄的神通度化

在《高僧傳》中，佛圖澄神通事蹟頗多。何謂神通？在《纓絡經》云：「神名天心，通名慧性，天然之慧，徹照無礙，故名神通。」天然慧性清淨本具，以清淨無所執著，故能於甚深禪定中變化自如，發得種種神通，即能變化自在，成為徹照無礙神通。菩薩若能現種種神通變化，則所見者，易生信伏；眾生既起敬信，若欲闡揚大道，則成度生之方便，何況當世戰亂之時。

神通成為佛圖澄的大慈悲力顯現，用來救度眾生的利器，其所具備的功德，正如梁代寶唱的《經律異相．卷第五》所云：

以神通變現一切普顯，以成諦道智慧之室，覩一切法，是則正通普御一切，其真法者慧神、慧通皆顯眾像，解暢諸色，解暢一切諸佛道法。開化一切十方眾生，使入法律，至阿惟顏，轉一切法，是為菩薩心密之業。

也就是說：具備神通能力，是因為成就道諦智慧；所以神通因智慧入空性而能變現，空性遍一切處、空性能緣起萬法，故能普顯於一切。以入於道諦空性義理之中，故能遍觀一切法性之真實相；以性空為體的正神通，才能緣起普御於一切；體是性空，相、用是緣起，這種真實之法，是以智慧通達而靈驗。由智慧通達，故令法相皆能顯現，緣起宣暢法相德用諸色，能契合一切諸佛道法本懷。達到開化一切十方眾生，使入教法，至不退轉之地，成就一切法，是為菩薩心密之業。

佛圖澄是以一切有部的小乘法傳承，行持佛菩薩心密之業，用神通教化眾生，令入佛法智海，道安法師也是如此受佛圖澄德化度眾。

佛圖澄頗多神通度化事蹟。例如，《高僧傳．卷九》中記錄，中州地區在佛圖澄的影響下，不管胡人漢人普遍皆能奉佛；人民若有痼疾而無法醫治者，佛圖澄為其做醫療馬上病況都能減輕。用神通醫術來治療，獲益者不可勝記。某次，襄國城護城河水源枯竭，他就驅龍來施水──是命令龍，不是祈求，以救度眾生。這是佛圖澄度化眾生的方便。

《高僧傳》還載有其他神通事蹟。據載，佛圖澄左乳旁有一小洞，直徑四、五寸，洞深至腹內，腸子可以從洞口拉出來，平時洞口用棉花塞住。夜晚黑暗想誦讀經書，就將棉絮抽出，洞中便發光，使整屋如燈火通明，遍照一切。清淨之人方能光明具足、光明照物。每逢齋日，佛圖澄會到河邊，將腸子從洞口掏出，放於河中清洗，再裝回腹中。

因為世人驚歎及感念其神通力救世，敦煌初唐第三二三窟北壁中部壁畫，便有佛圖澄的神蹟故事圖。

神通之於佛圖澄是度人的方便法門，重要的是為了令人獲得身心調伏的真智慧。佛圖澄不僅有神通力，對佛經教義及儀式亦非常熟悉，也具備佛典以外的各種經世濟民知識。佛圖澄用大神通，度脫眾生之苦來傳播佛法，再藉由君主的力量推動佛教；其所扮演的角色，可說是以帝王的「國師」來行菩薩道救脫眾生。

佛圖澄能以神異力量普化眾生，顯示佛圖澄有極深的禪定力，因神通是定力所發。要有甚深的禪定力，其戒德一定要先具足；戒功德具足，一定具有大慈大悲的胸懷。此正說明，佛圖澄戒定慧功德廣大，以此大慈悲願力來救度眾生。

佛圖澄成就的大悲願行在於，其發難發之心，在八十一歲還親來戰爭苦土中，自甘受苦。經歷難對之境，在爭生奪死戰爭中，還能搶救生命。戰況中出謀獻略，取得君王信任，才能隨機度化。伴君如伴虎，以機智險伴君主，承擔難以忍受的忍辱，度化君臣。

大師還承受身心難以負荷之眾苦，以完成佛教巨大事業。例如，戰爭中人人自身難保，還要籌錢養僧眾慧命、講經說法、督促徒眾修行、每日應付請法不絕之信眾，回應朝臣諮商重任；每一件事都是巨責重任、難以承受之苦。心若不趨於無我，如何肩負教化眾生、續眾慧命之大任！

平時依戒定慧教義自持，授業於數百門徒，應於求知若渴之徒眾，回答眾生難解之苦楚，都令人應接不暇！何況前後弟子近萬餘人，法化盛會之背後，是如何艱難承擔。建立佛寺才有弘法傳承之地，廣建佛寺須要付出辛勞、費心擘畫、籌錢。中州、胡、晉一帶百姓，大都蒙受佛圖澄勸化恩澤而信佛，所建立佛寺，凡八百九十三所。建立每一座佛寺，都要花費巨大精力，平均幾天就要建成每一間，還建立了八百九十三所，過程何其艱難與漫長的煎熬！

每件事都是佛圖澄運用智慧、費力、燒腦、損肝、耐心、捨命換來的；他從九歲出家到一百一十七年壽中，以大悲願行為我們攢下一片佛教天地。這些事功，若在有為法中用心慮，執著之下皆負擔；唯有以隨緣之度化，無我之付出，才能成就道業，善成眾生菩提。這是佛圖澄的深功之處，以無我無生法，成就自他道業。

佛圖澄的修行傳承，是以戒、定、慧為主軸的教化。其大能力是修行而來，能在人前成就顯赫功勳，是背後遭罪受苦的磨練。佛圖澄於修行時，深下戒定慧苦功夫，才真是他修行傳承的重點。

佛圖澄的弟子極多，弟子有法首、法祚、法常、法佐、僧慧、道進、道安、泰山僧朗、竺法汰、竺法和、竺法雅等人，皆列於《高僧傳》中，都是佛圖澄用心血教化所成就的弘教人才。弟子之中，日後對中國佛教影響最為深遠的，便是道安。

師事佛圖澄

佛圖澄大師是釋道安法師學習上最重要的師長。據《高僧傳．卷五》記載，道安法師在佛圖澄大師座下學習、歷練約十二年，從道安二十四歲至三十五歲，於佛圖澄入滅前兩年才離開鄴都；期間他經常代替佛圖澄大師講說，並且解答了許多理論上的疑難問題，贏得「漆道人，驚四鄰」的美譽。

佛圖澄的戒、定、慧都有極高修持，以國師的身分推行佛教，受朝野敬重，居住的地方自然形成當時的佛教重鎮，希風慕德者不遠萬里相造，故徒眾甚多。佛圖澄學識淵博超群，能誦經數十萬餘言，善解經意。當時初到洛陽及後來鄴都，與儒學諸大學士辯論，辯才無礙，言之成理，能解群疑。前來受業弟子包括天竺、康居等地的僧眾不少，漢地僧眾絡繹不絕，聽其宣講佛法，其門下授業門徒常有數百，前後弟子近萬餘人，佛教盛會可見一斑。

後趙遷都鄴城，佛圖澄也隨之移居。道安遊學到了鄴都，便到鄴宮寺，拜訪了佛圖澄。佛圖澄與道安對談之後，立即發現這位形貌不揚的年輕和尚，實是佛門中的一塊璞玉，兩人談論終日，非常契機。

佛圖澄受到四眾弟子敬重；徒眾們覺得，以佛圖澄尊貴身分，實在不應該與一位尋常比丘談論終日。但是，佛圖澄回答那些表示異議的人：「此人遠識，非爾儔也。」明白道出，道安的見識不是一般人所能及的。道安自此拜入佛圖澄門下，時年二十四歲。

經藏、律藏、論藏是佛教的三藏。道安原以經藏是修行法門的來源，一般初學要先學教理，故對修行方法內容極為渴求，都想從經藏下手；至於戒律學與論藏（阿毗曇學），則擺在後面學習。但佛圖澄告訴道安，自己所學的佛法屬於「一切有部」，非常重視戒定慧三學的修行次第；並一再告誡道安，凡修學佛法，以戒為師，戒是根基，戒力不具則定力無法生起；定力生起，才能進而成就無上解脫智慧。所以，佛圖澄告誡道安應當嚴謹持戒。

僧傳中記載，佛圖澄極重視戒律，平生「酒不踰齒、過中不食、非戒不履」，其持戒嚴謹，在嚴寒北方也能嚴守酒不踰齒，在雪地中要堅持過午不食——寒冷情況下對熱量需求是很大的。應付四眾頻繁請益，言雖竟日，不露倦容，精神體力受到極大的考驗；因深信教法，仍堅持佛戒不懈，並以此精神教授徒眾，對佛教的出家戒律，亦復多所考核校正。正如道安〈比丘大戒序〉說：

我之諸師始秦受戒，又之譯人考校者尠；先人所傳相承謂是，至澄和上多所正焉。

因為戒律傳來東土的時間不長，東土的法師們師承受戒，都是依照所遇到的梵僧傳授什麼部派的戒就受什麼戒；加上翻譯及考校的人少，戒律都是依循著前人的傳承為準則。直到佛圖澄來了以後，才對以前相傳的戒律多所考證。能考校律本的人，一定是通達戒律的人，也重視戒律，並以教授僧眾以戒為師，佛圖澄正是尊崇佛制、教導僧眾。

道安本來就具有過人的天賦及良好素養，加上高僧提拔，同儕之間良性砥礪，好學之人處於這種環境，收穫當然極其豐碩，在群英之間拔得頭籌，使其成為弟子中之佼佼者。

道安在佛圖澄座下，耳濡目染，眼見老師鞠躬盡瘁、救度眾生，遵佛法教廣度群生，即使年過百歲還事必躬親，深受感動，僧格培養受到極大啟發，淬煉出宏觀的能力，奠定對僧團經營及救度眾生之事，具備捨我其誰的承擔力，而為佛教做出極大貢獻，為四眾弟子的慧命作大明燈。

當時佛教界仍保有印度佛教的「覆講」制度，亦即師父在講經之後，為了讓還不明白經義的徒眾進一步了解，會挑選優秀弟子，再重講一次該段經文，讓大眾更明白。由於道安多次提出對戒律的看法，對經法義理渴求，以及嚴格執行佛教教理，加上他的記憶力驚人等特點，讓佛圖澄對道安有所期許，認為道安是很好的覆講人選。

後趙建武二年（西元三三六年，東晉咸康二年），鄴宮寺的大殿早已準備好講主的高座，眾弟子們齊聚，等著大和尚佛圖澄為大眾講經開示。某天，佛圖澄帶著道安一起走向法座，宣布道安從今日起就做為自己的覆講人。

道安來到寺中一年便做了覆講師，其他僧眾當然還體會不到道安的優秀，所以心裡對道安不服，覺得這個醜黑的「崑崙子」有什麼能力可以升法座呢？這個「崑崙子」的稱呼，其實是帶有輕蔑的意思，因為當時中印度半島和南洋諸島在中土人眼裡是未開發地方，當地那些皮膚黝黑之人便被稱為崑崙子或

「崑崙奴」。這樣的人，哪有才來掛單，就領導學僧的道理？畢竟，寺中舊住眾師兄弟也有眾多優秀人才，不應該輪到一位初學者當覆講師。

所以，在道安擔任覆講師後，由於同門的忌妒，經常遭遇不少師兄弟故意問難。然而，道安銳利析辯，不僅清楚地解釋了同門的疑問及佛法大義，回應得頗有餘裕，還能對同門貢高我慢的心理進行勸誡，道安說：「娑婆世界本來就是大苦聚，現今又戰亂四起，百姓遇到這麼多劫難，連佛法都還聽不到，更難以脫離這個大苦海。我等出家修行，應當齊心齊力，共研佛法，努力精持，以大慈大悲憫眾生心懷救世，共同解脫眾生苦難為志向才對。」

道安的出色表現，令僧眾驚訝得啞口無言，沒想到這個皮膚漆黑、其貌不揚的年輕沙門，卻能深解佛法大義，深思善辯，還有慈悲救度眾生的弘法志向。這在鄴宮寺中傳為美談，大家都紛紛讚歎：「漆道人，驚四鄰！」

道安法師跟在一代大宗師座下十餘年，學習戒、定、慧三學，打下最重要的基礎。道安之所以能對佛法一以貫之，最主要還是在他的勤學，善於探究佛教要旨緣由，真實悟入佛教無生之理等甚深之法。他還不辭辛勞地四處遊方拜訪高僧，這些都是他修學方法上的高明之處。道安從佛圖澄受學，並不是修習神通方術，因為神通是佛圖澄自己的功德力展現；道安主要所學的是禪定、佛法精深義理，所學習的內容包括小乘佛教、大乘般若學說，以及戒律學等。這些基礎使欲深入法海的道安學有所本，讓他日後能在佛法上造詣非凡。

於佛圖澄處打下基礎後，道安以自己的精進，並以獨特的僧團共修方法，開啟了一代佛學之風，展開為十方儀範所鍾、大眾道業所繫的中國佛教新局面。

【註釋】

註一：例舉出家三件事的經文，如《大比丘三千威儀》云：「出家人所作業務。業務者，一者坐禪、二者誦經法、三者勸化眾事。若具足作三業者，是應出家人法；若不行者，徒生徒死，或有受苦之因。」又如《出曜經．沙門品》云：「智者立行，或時誦習精微，入定坐禪、誦經、佐助眾事；執意勇健，不懷怯弱；晝夜孜孜，不懷懈惓。是故說，智者立行，精勤果獲也。」至於戒律也提到，如《羯磨》：「汝已受戒竟，當供養三寶：佛寶、法寶、僧寶；勤修三業：坐禪、誦經、勸作眾事。」

第三章　北方播遷弘化之路

安辭不獲免，乃受請開講；名實既符，道俗欣慕。至年四十五，復還冀部，住受都寺。徒眾數百，常宣法化。

道安在北方顛沛流離，磨練道器；拯救眾生苦難，長養慈悲；刻苦勤學深入佛義，為中國佛教扎根。

重回鄴宮寺領導僧團

道安在佛圖澄去世前最後兩年，帶著幾個徒兒四處遊學，尋訪弘道之蹟。道安三十八歲時為東晉永和五年（西元三四九年）；春天，突然聽聞鄴城傳來大和尚佛圖澄已經於年前（西元三四八年）坐化圓寂，道安聽到消息後立刻與弟子們直奔鄴城而來。

來到鄴城，卻發現人事已非；這年，後趙王石虎逝世。後趙的內部發生了爭奪王位的大亂，政權更迭頻繁，後趙國勢亦日漸衰弱。道安看到這些景象，隱隱感受到往後將有一段悲苦歲月正等待著他。

回到鄴宮寺，竺法汰及法祚等人見道安回來時悲喜交加。他們告訴道安，師父佛圖澄是年前的十二月八日在寺中坐化，石虎為師父建築了墳塋，還親自主持了殯葬大禮。師兄弟們紛紛向道安講起整件事情的經過。

石氏王族相殺的原因是爭奪王位問題。石虎在世時，曾經分別立過其子石邃、石宣為太子。石宣忌妒石虎寵愛石韜，先殺了石韜，趁著石虎要去弔唁石韜的時候，想一併殺了石虎而篡位；但是石虎已被佛圖澄預先告知防範，所以刺殺石虎並沒有成功。

石虎極為憤怒，想要殺了石宣。雖然佛圖澄勸告石虎，不要殺石宣，畢竟都是他的兒子；並且告知石虎，如果能夠慈悲饒恕石宣的話，還能再有六十年的壽命。可是，石虎在盛怒之下，不但聽不下去，甚至用鐵鎖刺穿石宣的頷骨，並將石宣一家三百餘口全部處決。

因為石虎的暴虐，忘卻了慈心，國運可想而知。有一次，石虎大宴群臣時，請了國師佛圖澄參加，曾聽到師父自問自答：「還能有三年嗎？」「不能。」「能有兩年嗎？一年？百日？」自答都是「不能」。當時石虎也不知什麼意思。聽到師兄弟們的這些議論，道安知道師父早已料到石氏家族不能長久。

於是，道安立刻提醒眾人說：「師父一向料事如神，現在恐要天下大亂，我們應當早做準備。」眾人一聽，頓時醒悟，紛紛贊同他的觀點，於是各自去做準備。很多師兄弟知道道安回到寺中，都願意帶著弟子跟隨道安；道安所帶領的僧眾一時增加很多，便決定負擔起佛圖澄辛苦建立之僧團的重責大任。

為了不至於忙中出錯，與眾人約定三天後集合，商討對應方式。然而，世事難料，道安卻被石遵搶先請到了華林園去長住。

石遵請道安入遷華林園的原因是，石虎死後，由石世繼位，其在位才三十三天，就被其兄石遵聯合了冉閔等大將起兵謀反，石世被殺，石遵自立為王。石遵稱帝後，頗感世事無常，總怕有人謀反篡位，心中時常恐慌，所以想藉佛教的力量來庇佑。想到自己的父、祖輩，都曾蒙受高僧佛圖澄的點化而化險為夷，可是佛圖澄已經圓寂；石遵心想，自己可能得不到聖人的庇佑了，所以鬱悶不樂，茶飯不思。

有一天，石遵突然想到，佛圖澄門下有一位辯才無礙、析辯清楚的道安，覺得道安一定能幫助自己，於是便遣中使竺昌蒲去召請道安入住於鄴北的華林園。

華林園是後趙石虎建都鄴城後所興建，其園周圍數十里，有凌雲城、金花洲，光碧堂等美景，可說是後趙的皇家花園，不是一般人能夠進去的。讓道安入住華林園是表示對道安尊崇禮遇，希望道安能輔佐國家政權。道安入住華林園以後因為僧眾太多，又不同意分派僧眾到其他寺廟，石遵只好再擴建僧房以容納僧眾。

入住華林園，有些僧眾心想，這是皇家花園，應該會比較安定，何必離開鄴城呢？道安察覺到僧眾失去居安思危的警覺性，他告誡僧眾，石氏家族亂象環生，畢竟不能長久，天下將要大亂；讓大眾聚在此處，就是為了要等待時機，離開這險惡的地方。

後趙大亂，避居牽口山

果然不出道安所料，石遵繼位以來，石氏眾皇子互不信服，聲討之聲不絕。先是石沖，聽說石遵殺石世自立為王，便集結燕趙兵馬十萬人，前來聲討石遵，石遵想要拉攏石沖不成，只好倉促結集十萬兵馬與石沖大戰於常山平棘（今河北趙縣縣城）。

西元三四九年，後趙的兵馬結集到了鄴城東北方的常山平棘戰場，鄴都頓時成了空城。趁石遵忙於戰亂，道安感到時機已到，就率領著僧眾，在漆黑的夜晚，悄悄離開鄴城，向太行山脈前行，然後停留在濁漳河流域的牽口山；牽口山實為磬口山，在今沙河縣西南九十八里，也就是鄴城的西北這一帶。他們決定在此稍作居留，因為他們也不知道時局會怎樣發展。

戰亂發生，男丁皆被徵兵，所以糧食不足。道安到牽口山避難時僧團已是四百餘人，糧食及居住都是問題，在牽口山生活非常艱苦。因為佛圖澄及道安頗負盛名，附近有許多居士聽到是道安僧團，都會來布施米糧，所以僧眾道糧還算勉強可以維持。

石遵在平棘打敗石沖之後，坑殺石沖士卒三萬多人。此次石沖聲討雖然失敗，但是不久後，曾與石遵共謀篡位的大將冉閔，因為沒有得到石遵重用，甚為失望。他一向自認善戰功高，理應擘畫朝政；但功高震主，石遵忌而不用。於是冉閔派密使將軍蘇亥、周成率領三十甲兵擒拿石遵，並殺於琨華殿，立石遵之弟石鑒為王。石遵在位僅一百八十三天，後繼的石鑒在位僅一百零三天，又被冉閔滅殺之，後趙滅亡。

冉閔自立稱為魏皇帝，改國號為「大魏」，仍定都鄴城。此年為西元三五〇年，冉魏永興元年，東晉永和六年。

冉閔，即石閔（西元三二〇至三五二年），又記為「染閔」，字永曾，小字棘奴。其年輕時稱為石閔；在與石虎諸子們爭奪政權時，覺得石氏家族的人經常出爾反爾，於是就恢復了本姓，稱為冉閔。其為魏郡內黃人（今河南安陽市內黃縣西北），出生於蘭陵郡（今山東棗莊和山東臨沂交界的地方）。其父親冉瞻（後改名石瞻）是漢人，其祖先為漢黎陽騎都督。西晉末年，少年冉瞻投降於石勒，後在石虎的部下擔任將領，並成為石虎養子，於是改姓石，名為石瞻。石瞻在咸和三年（西元三二八年）石虎和前趙劉曜部隊交戰中被劉曜部隊殺死，其子石閔當時只有九歲。

石閔幼而果銳，趙君主石虎便收其為養孫。長大後，善謀略，勇力絕人，以善戰著稱，被拜為建節將軍，經歷中外諸軍事、輔國大將軍、錄尚書事、北中郎將、游擊將軍。

石遵自立為王後，起初答應立石閔為皇儲，後來卻立石衍為皇儲，引發石閔不滿。之後石閔知道石鑒有殺己之意，便斬殺石鑒。在一連串的過程中，石閔愈發不悦，對羯人更加仇恨，並將自己的姓氏改回漢姓，稱冉閔。

石虎死後，北方蝗災、旱災年年不斷。冉閔執政時，在冀州、并州一帶，形勢混亂，飢民遍野，盜賊風起，還發生百姓相食的事件。石虎在世時的宮女，逃命不成的全部被殺；鄴城猶如死城，慘不忍睹。

牽口山一帶原有些能夠布施米糧的居士大戶，此刻也難以溫飽了，道安僧團開始覺得難以繼續在牽口山生活。道安便對僧眾說：「如今蝗災、旱災不斷，天下大亂，四處都是盜賊。我們這麼多人聚在一起，如此的環境很難立足；如果大眾分散，那我們僧團也不復存在。所以，唯一的辦法就是離開這裡，另覓安頓之處，不可居於戰亂的北方。」

於是，道安帶領僧眾從牽口山出發，順太行山朝西南一路走去，目的地在太行山南。

冉閔在廢殺石鑒的同時，就大肆濫殺胡羯之人。有一次，他對鄴城的人下令：「凡是與官府同心者，可住在城內；不同心者，可自由選擇地方居住，並敕城門，不復相禁。」於是，百里之內的趙人蜂擁入城，胡羯之人則爭相出城，另謀他就。看到這種情勢，冉閔深知胡人不再為己所用，於是大開殺戒，頒殺胡令；一日之中，被斬殺的胡人首級數萬，死亡總人數高達二十餘萬。冉閔的凶殘淫掠激起了後趙境內少數民族及貴族紛紛反抗，他們各自擁兵搏殺，造成羯、漢大仇殺，遂使北方陷入大亂。

在原後趙青州、雍州、幽州、荊州四周的人民，他們原為氐、羌、胡、蠻等族，有數百餘萬人口，因恐懼被殺，極欲返還其本土，以致道路交逢時發生互相殺掠的事情。當時，饑荒、疾疫造成諸多死亡，屍骨遍野，能回到其故土者，十人之中只有二、三人到達。於是中原大亂，人民相食，百里間不見耕種者，一片荒涼。

北方大亂，糧食欠缺，道安不得不考慮再次遷徙。所以從牽口山出發，往南遷徙至濩澤。

潛修濩澤，註疏經典

從東晉永和五年末（西元三四九年），到永和八年（西元三五二年），道安時年三十八歲至四十一歲，一直帶著僧團在濩澤潛修。

王屋山位於濟源跟陽城的接壤之處。距離王屋山百餘公里的地方，有一地名為「濩澤」；此地三面環山，一面臨水，地處相對偏僻。道安在避北方之難時，曾避居王屋山，也曾避居在濩澤。濩澤之名源於一水池，在很古早的時候，環山中有一清池，澇的時候不漲，旱的時候也不會枯竭，甚為奇怪，當地人則稱此水為濩澤（現今山西省陽城縣西固隆鄉澤城村）。此地有一山，原名叫焦濩山，後來慢慢被習稱為濩澤山。道安的僧眾選擇駐錫於此，可能是因其有水源，及少受戰火侵擾的緣故。

道安一行人到了這裡，決定駐留在此；於是，僧眾們便自己動手搭建寺院，安頓下來。因為僧眾們初到，必須到附近的村落乞食、說法，久而久之便有許多信眾知道山上是道安僧團，於是漸漸前來供養僧團，寺院也逐漸擴展起來。道安及師兄弟們加緊用功，開始安心研究佛經了。

因道安聲名早已遠播，其在濩澤的消息傳出後，有不少師兄弟以及各地的沙門都慕名前來，共同研究佛法，或是投靠、追隨道安，其中較為著名的包括竺道護、竺僧輔、支曇講、竺法濟等人，令道安僧團又壯大了不少。

道安在濩澤研讀了很多佛家經典，有些經典是原來從鄴城帶出來的，也有一些是新蒐集到的。例如，有一部《大十二門經》，此經收錄於《賢者經》中，是竺道護在東垣界得到的。竺道護得到這本經時，不久後宅中失火，他奮不顧身地搶救這本經，從火海中奪經而出，就是為了讓這部經能廣為流傳。竺道護尋訪道安，遠地趕來，千辛萬苦地將這部經送到道安手裡，並囑咐道安一定要詳加研究。竺道護送經不久之後，就離開了濩澤。

道安還研究了《小十二門經》、《安般守意經》。《安般守意經》是講禪定修行的業處、也就是修習時心念作業處的經。接下來繼續的是《道地經》，其註解是跟竺僧輔、支曇講一起完成的。竺僧輔是道安的師兄弟，本地鄴城人，從少年出家就精於持戒，立志苦學，因而精通經論。

這些師兄弟都是向師父佛圖澄學習而來；可想而知，佛圖澄教下僧團的菁英很多。大家為法忘軀，在佛道上精進，聚在一起便努力研經。

石虎死後，鄴城大亂，當時竺僧輔選擇了獨自遊學他方；後來聽說道安率僧團至濩澤立寺，便冒著戰亂、不遠千里地趕來相會，同修道業。另外一位支曇講，雁門人（今山西代縣），是慕名而來的沙門。

後來他們也研究了《陰持入經》。雖然這部經不全，只是一部殘經，是屬於說一切有部的「毗曇學」；「毗曇學」原來就非常難讀懂，此經又殘缺，所以當時道安也請支曇講及竺法濟一起來研究，道安並為《陰持入經》作序。

竺法濟是當時著名僧人竺法替的高徒；竺法替在永嘉之亂以後遷徙江東避難，在東晉非常出名。竺法濟，又被稱為「太陽比丘竺法濟」（太陽是地名，現今山西平陵縣）。他因為種種因緣，沒有跟隨師父到東晉，而是一直留在北方；後來聽說道安在濩澤帶領僧團，也長途跋涉，冒著盜寇戰亂艱險，加入了道安僧團。

他們三人，在僧團中一起研究了《陰持入經》；三人孜孜無倦，一同分析佛經的疑難，撰寫了這部經註解。

道安在濩澤所研讀經典，大部分屬於小乘說一切有部佛經。當時註解佛經的方式，還沒有跳出鄴宮寺時便開始使用的「格義」註經方式。所謂「格義」，舉例言之，像是將道家的「無」用以比附解釋佛教的「空」概念，讓聽眾容易了解。

但是後來發現，越使用格義的方法釋經，就越深刻感覺到此法的弊病；因為，佛經的概念與外典（佛教經籍以外的典籍）的解釋原就有所不同。例如，道家的「無」，是「有、無」相對之無，被視為某種生發萬物的「本體」；佛家的「空」卻是連空也空的畢竟空，空才可以緣起萬法，是「色即是空，空即是色的空」，性空緣起合一。若硬以道家的「無」來解釋佛教的「空」，便顯得格格不入。

這些讀經的障礙，讓道安更想起了師父佛圖澄；現在已無明師指點，在經典又很少的時代，真是進退維谷，顯得非常困難。他不禁感慨地在《道地經》序文中，申述自己的一片赤誠，希望佛圖澄大師見到大眾讀經如此辛苦，一定要倒駕慈航前來助弟子們一臂之力，指出錯誤，補正闕漏。

飛龍山共法友，改革「格義」解經法

在濩澤立寺傳法之後，道安得知有一群法師在北方的飛龍山一帶立寺傳法，頗具聲名。飛龍山在河北獲鹿縣（現今名為鹿泉市）、元氏縣的交界處，山南屬於元氏縣，山北屬於獲鹿縣。飛龍山自隋又叫封龍山——《隋書》記載「古常山郡之飛龍山」，後更名為封龍山。

前燕元璽元年（西元三五二年，東晉永和八年），鮮卑族突起，慕容氏家族逐鹿中原。他們趁剛興起的部落強盛之勢，迅速地擊潰與羯胡交戰已久的冉閔兵眾；冉閔的軍隊早已因長期的胡漢相殺而疲憊不堪，很快就潰敗了。於是慕容氏家族很快便占領了黃河以北。

元璽元年年底，北方戰火停歇，局勢稍稍穩定，道安便決定前往飛龍山。因為飛龍山離自己的老家扶柳很近，位於現今河北正定南方，他想前去那裡結識好友共研佛法，解開他對佛法還不能突破的困境。

因為道安在濩澤立寺傳法已經有一定規模，所以這次出遊，他與竺法汰等人只帶領著少部分僧眾離開，其餘人留在濩澤繼續修行。竺法汰是東莞人（今山東莒縣），跟道安是師兄弟；自佛圖澄去世以後，竺法汰基本上都跟隨著道安，與其共研佛法。

飛龍山屬於太行山山脈，而濩澤是在太行山脈的南端西方；道安一行人所走的路線，就是沿著太行山脈，一路向東北方出發。這條路線跟當年從牽口山南遷過來的部分路線大致一致，部分前往飛龍山佛寺的路先前已有走過，他們還算有印象。道安看到這裡山林繁盛，山峰重重錯列，環境幽靜，認為此處真是地靈人傑、適合潛居修行的好地方；他感嘆自己雖然生長在常山郡，卻從沒來過此幽靜之地。

更加驚喜的是，他們到達飛龍山的寺廟後發現，這裡傳法的沙門竟然是他的故友：一位是僧先比丘，也就是道安年少時，相遇結識的僧先沙彌；另一位是竺道護，也就是曾經冒險將《十二門經》護送給道安的僧人。

在飛龍山遇道友僧先比丘，讓道安萬分欣喜；他們既是同鄉，幼時又一同立志要弘揚佛法，並且約定不忘對方；過了二十餘年，竟然歡喜遇故友。僧先比丘，冀州人，是常山淵公的弟子，從小出家，性純清淨，有節度，受戒後對自己有極嚴的要求，精勤苦修。他一直沒有離開常山，後來遇到了石氏之亂，便在飛龍山潛修。

法友相聚飛龍山，便開始研讀《修行經》；此經是後漢安世高所譯《修行道地經》之略稱。道安及竺道護、竺法汰、僧先等是在西元三五三年前後才開始研讀《修行經》，這部經當時在東晉江東早已非常有名，故他們想把這部經徹底理解。

在研讀《修行經》的過程裡，道安及竺道護、竺法汰、僧先等法師在註釋的原則上產生了分歧，因為道安提出了改革。向來大家都以格義的方式解經；這個方法是由竺法雅、康法朗等倡議的，道安在濩澤研經時也主要用這個熟悉的方法。但他越來越感到格義的弊端；因為，研讀佛經跟外學根本上就不是一回事；如果盲目比附，容易導致誤解。

因此，道安提出了突破性的想法：他認為，應該用符合佛教義理的方式來解釋，才不會將「空」誤解為「無」。道安在這段期間裡，對解經的看法有更進一步的認識，修行體會也更加提升；所以，在透徹了解佛法義理後，毅然提出改革。

因為幾位法師對解經方法意見相左，僧先比丘覺得，不應該在飛龍山再待下去了；竺道護也以這個因緣提出了自己的看法，他說：「沙門遠離世俗生活，就是要匡正錯誤流傳的佛法。佛法法義非常高，若只深藏在山裡，得不到弘揚的話，也枉費法義。我們應該要各盡自己的能力去努力弘法，以報答佛恩。」

眾人表示贊同，於是有計畫出遊弘法的想法。因為《修行經》在東晉非常流行，所以僧先比丘想南遊晉土宣弘法教，希望道安留在飛龍山將註經工作完成。道安覺得，自己來到了飛龍山，反而讓好友離去，於是他便讓竺法汰陪同僧先南下弘法。道安之後在恆山立寺時，竺法汰又再回到了道安身邊，僧先則是在外弘法期間因病去世了。

於是，道安就用他對佛學的體驗及經典所談的方法，完成了《修行經》的註解。這是他第一次嘗試擺脫格義的舊傳統來註經，這在中國佛教史上是一個重大突破，讓註經工作開啟了新模式。

道安在註經完成後，也想起了竺道護激勵大家弘揚佛法的話：「佛法即使義理高深，深藏在山門寺內，是不容易救度眾生的。」於是，道安決定要繼續遊方的目標，選定在太行恆山；他認為，生靈塗炭的北方大地，應該有更多弘法僧團，以解眾生苦厄，讓眾生得以解脫。

古恆山弘化，廣收慧遠等徒眾

據《高僧傳》載，道安「於太行恆山創立塔寺，改服從化者中分河北。」道安法師在太行古北嶽恆山大興教法；「古恆山」指的是河北的恆山，不是山西渾源縣的恆山。道安法師恆山立寺，此古恆山指大茂山，位於上曲楊縣西北恆山及現今河北阜平和唐縣、曲楊三縣交接處，是真正的古北嶽恆山。

「改服從化」意指，在道安教化下，當時太行恆山有很多修道家或其他信仰的修道者，都改變其原有道服，跟隨道安學習佛法，由異教信仰成為佛教徒。可見道安當時攝化眾生影響力之強，能感召不同宗教信仰之人歸化佛教。

前燕元璽二年（西元三五三年，東晉永和九年），道安法師四十二歲。一行人抵達恆山，便和弟子們一起創立了塔寺，隨緣教化弘法。道安法師的聲名早已遠播各地，來到恆山弘化以後，四眾仰慕，當地信仰佛法的高門大戶及遠近信眾都來皈依聽法。在恆山立寺，僧眾隊伍日漸增加，僧團人數達五百多人；僧團人數快速增加，必定要一直擴建，才能容納這麼多人修行。

恆山很快成為北方弘揚佛法的中心。道安儀範為十方之所鍾慕，道業為僧眾之所繫念，想學佛求道之士輻輳而來。

道安在恆山收了眾多弟子，其中最著名者就是慧遠。慧遠（西元三三四至四一六年），俗姓賈，雁門樓煩（今山西山崞縣東）人。聰明過人，自幼好學，十三歲時曾跟隨他的舅舅令狐氏，在許昌洛陽一帶遊學，拜訪許多儒學大士。他能廣博綜理六經，又熟讀儒家及諸子百家經典，尤其擅長《老子》、《莊子》；性情寬容，有大氣度，性度弘博，天資超群，風鑒朗拔，卓異出眾。在眾弟子中，諸多賢達之士對他的學識跟為人都極為敬佩。

東晉永和十年（西元三五四年），慧遠二十一歲時，原本打算遊學江東，前往尋找著名隱士范宣子，以進一步深入儒學研究。但是，石虎當時剛往生，後趙大亂，北方戰禍連綿；加上東晉大將桓溫北伐，兵戈遍地，道路阻隔，所以慧遠沒能去成。由於當時道安在恆山立寺弘法，聲名遠播，慧遠早已耳聞，於是就轉向西北恆山來拜見道安。

他與弟弟慧持兩人在恆山寺住了下來。慧遠被道安的涵養及風采折服，認為其弘法鏗鏘有力、深入人心，對義理直指核心、分析透徹，讓慧遠極為佩服並讚歎：「這人真是我的師父啊！」當時，他們都是先以在家人身分於寺裡居住，每天讀書聽經；日久薰習，他感受了佛法的加被，心裡越發生起無上道心。

道安在恆山寺開講《般若經》，宣揚大乘般若性空義理，慧遠聽了豁然了悟。他原本對儒家、道家兩家學問非常精通，對世間道理覺得已能了然於胸；待他聽道安講般若性空之大乘佛法後，突然覺得自己淺薄無知。於是他感嘆：

「儒、道、名、法、陰陽各家的學問，不過是些糠粃罷了。」於是，他與十八歲的弟弟慧持兩人發心皈佛，一起拜道安法師為師，在恆山剃度出家。這年道安法師四十三歲。

慧遠出家以後，表現出與眾不同的高遠志向，「常欲總攝綱維」，以弘揚佛法，救度眾生為己任。所以他更加策勵精進自己，研讀佛經、背誦經典都異常勤奮，日以繼夜。慧遠本來就有資質，聰明絕頂；在如此努力下，很快成為對佛法頗有見地的沙門。

道安法師看到慧遠兄弟的勤讀，覺得好像見到自己當年的影子，知道他們勤奮用功，必有善好因果成就。所以道安非常欣慰地說：「佛法要在中土廣為流傳，大概就要靠慧遠了。」道安法師對慧遠的殷殷期許，果然沒有落空；後來慧遠在廬山創立淨土宗，建立東林寺，立寺弘法、廣收信眾，成為漢傳淨土宗開山初祖。

這對中土佛教事業產生了深遠影響，淨土宗日後逐漸成為佛教大宗，直至現代；其影響深入社會，形成「家家彌陀，戶戶觀音」的念佛風氣。多數佛教徒都發願命終之後求生極樂淨土，隨阿彌陀佛於極樂國土修行，成就無生法忍後，再回入娑婆廣度眾生。

道安法師在恆山寺堅持講經說法，對於僧眾或者是善男信女都隨緣教化，開啟善根之路，解憂發智；講般若義理，使信受奉行，漸趨佛道，入理修行。當然其中有許多達官貴人，不免派人邀請道安法師前去講經弘法，道安法師都是婉言謝絕；因為，在寺裡可以教化僧眾，這些四眾弟子都是真心修行之人，當然以弟子為重。

但在邀請弘法的達官貴人中，以當時武邑（今河北武邑）太守盧歆較為特別。他聽聞道安法師說法剖析明白，悟理高深，實為四眾傾慕，所以想請道安法師前去弘法。當時盧歆並不是派一個官員來邀請，而是請敏見法師來相邀。道安法師雖然一再謝絕，可是這位敏見法師非常虔誠邀請，絕不放棄；他在恆山寺裡住下，日日請安，苦求道安憫念眾生，希望道安能垂慈親臨武邑說法。

道安法師心裡正在琢磨該怎麼應對這位敏見同道，恰巧竺法汰法師回到了恆山。竺法汰曾奉道安之命，先隨僧先比丘南遊晉土；後來聽說道安法師在恆山立寺後，又趕回來相會。竺法汰觀察道安法師正為此事費心，便勸道安法師說：「師兄不妨前去，應該有所收穫。」他說：「日前南遊回歸途中，經過前燕之地，前燕仰慕中原文化，對漢人也不殘暴，頗受漢人擁戴，應該可以前去了解並弘揚佛法。」

當敏見法師又跑來苦求道安法師時，對他說：「武邑太守真是篤信佛法的居士，希望法師讓武邑百姓能有聽聞正法的機會，垂慈教化。」當時道安法師就同意了。武邑在常山郡的東邊，離恆山有些遙遠；但為前燕統治腹地，應該也傾慕佛法；所以道安心想，可前去了解民情，潤澤人心。

道安法師及竺法汰一行僧眾等，在前燕元璽四年（西元三五五年，東晉永和十一年）這年出發。他們一路走來，看到百姓安居樂業，心中很是欣慰，這般的安和氣象才是人民所要的。當他們隨敏見法師來到武邑，四眾聽說恆山道安法師前來講法，武邑周邊的僧眾跟俗家弟子紛紛慕名前來聽法，所有聽法者都誇讚道安法師是名副其實的高僧。

重返鄴城受都寺弘法

道安法師因為有了在武邑的弘法經驗，確實感受到了前燕之地對佛法傾慕，於是又心生了一個新計畫：現在鄴城已是前燕之地，時局穩定，應該能重回舊地拜見師父以及在那裡創建僧團。

「至年四十五，復還冀部住受都寺，徒眾數百常宣法化。」前燕元璽五年（西元三五六年）春天，道安法師決定回到鄴城弘法。在竺法汰及慧遠等一行僧眾伴隨下，悄悄回到闊別多年的鄴城。

一行人先往先師佛圖澄墓前祭拜，心中無限思念師父弘化悲願、以及救度眾生離苦的大慈悲願行。道安回想，自從後趙永寧元年（西元三五〇年，東晉永和六年）帶領鄴宮寺的僧眾從華林園倉促逃離，至今重回鄴城，已經過了六年時光，他也非常懷念鄴宮寺的師兄弟。

等他們走回鄴宮寺時發現，經戰亂摧殘，又歷冀州饑荒、發生百姓相食的慘事，這座龐然大寺這般蕭瑟，僅剩殘垣斷壁、碎瓦青苔，讓人覺得極為淒涼。鄴城在佛圖澄教化期間，建立佛寺頗多；但歷經戰火，佛寺都不若以前繁盛。

道安法師一行後來到了鄴城郊區的受都寺，看到了建築物還算完好，雖然寺基規模不大，卻沒什麼損壞。於是他們做了一番整理收拾，便先住了下來。

道安回到了鄴城弘法的消息慢慢傳開來。因為初回此地，生活艱難，他們經常要帶弟子們入城行腳乞食；四眾也才知道，這行隊伍原來是道安法師徒眾。這消息越傳越遠，吸引許多沙門前來投靠受都寺，包括了以前在鄴宮寺出家的沙彌；他們長大成人、可以受具戒了，也都回頭依靠受都寺。道安法師在這裡建立僧團，制定寺規，每天為弟子們講經、弘法、誦經，孜孜不倦地教導弟子，日子過得清淨自在，這也帶給了鄴城佛法復興一線光明。

在道安法師回到鄴城第二年，也就是前燕元璽六年（西元三五七年，東晉升平元年），前燕皇室竟然大舉遷都，回到了鄴城。這個令人興奮的消息，讓弟子們都非常高興，因為鄴城又成為國都，將要繁華興盛起來了；在這裡出家修行者，也不會像以往那麼辛苦，前燕王公貴族等信眾也應該會虔誠供養。

不同於弟子們的想法，道安心裡卻回想起，他當年帶領大眾僧到華林園時，部分僧眾也生起這種昇平想法，景象歷歷在目，讓道安反而生起些許不祥之感。他並不想離政治權力中心這麼近，往往大好大壞；雖是繁華，一旦發生戰亂又要陷於極大災難之中。

自東晉永和元年（西元三四五年，後趙建武十一年），鮮卑慕容家族的慕容皝，因為在龍山出現了黑龍及白龍，所以就在龍山建立龍翔佛寺，以求福佑；或許因此，慕容家族自開國以來，對佛教都十分護持。當慕容儁在前燕元璽六年把國都從薊城遷到了鄴城，更加仰慕中原文化；又加上家族對佛教崇信已久，所以他盡力推行仁慈政策，處處繕修，讓鄴城又重新繁盛起來。

前燕貴族們早已久仰道安大師，對受都寺多所扶持，故受都寺僧眾人數迅速增加，很快地發展至數百人之多，四方來禮佛、聽經、聞法的信眾越來越多，故受都寺一再擴建，寺中事務也開始繁複起來。

繁忙的寺務，確實需要有助手來輔助弘法事業。道安法師便找來慧遠對他說：「日後寺裡的講經事務，就交由你辦。」慧遠惶恐地說：「師父，弟子才剛受業三年！」道安法師馬上勸說：「當年我親近佛圖澄的時候，才一年不到，便讓我做了覆講師，那時我二十五歲；而你已經親近我三年了，以你的用功跟資質，不需要擔心自已能力，只管盡心盡力弘揚佛法便是。」

那年慧遠二十四歲，便開始代替師父道安法師宣講大乘般若義學。慧遠原是飽讀詩書之人，談吐優雅，又對佛經極為用功，所以能夠透徹義理，宣講時都能讓聽法信眾生起恭敬信任與法喜之心。

大乘佛法將宇宙所有的事物（諸法）的真實面目稱為「諸法實相」。就般若義學而言，諸法實相就是「無相、無不相」，也可說是「即一切相，離一切相」，也可稱為真如、法性等；或可謂諸法空性，即是性空之義。不過，由於般若義理甚為高深，慧遠為了解聽者之惑，只好引《莊子》的義理予以解釋。如《高僧傳》所云：「嘗有客聽講，難實相義；往復移時，彌增疑昧。遠乃引《莊子》義為連類，於是惑者曉然。」

佛法初傳，般若實相很難以言語來描述清楚。當時有機敏辯才者，聽了慧遠說法之後，便開始與慧遠反覆討論了起來，屢屢發難，兩人經過很久的討論，慧遠還不能讓他完全折服；而經過這樣長的激辯以後，很多聽眾感到越來越迷惑。於是，慧遠便引了《莊子》中的典故，詳加辨析開解；眾人聽後立刻明白，那位提問者也為之信服。

慧遠引用《莊子》典故解說，雖然贏得了通經辯解，但心中仍有不安；因為，師父道安法師自飛龍山註解《修行經》後，就放棄了格義解經法；為了不讓弟子們因盲目比附外學而誤解佛經義理，道安曾在僧團中立下規矩，不准弟子們私自閱讀外學典籍。所以慧遠趕緊向師父稟告白天引用《莊子》典故之事，道安聽後若有所思地說：「立下規矩不習外學，是怕造成修學佛法障礙；但你今天是為了讓信眾清楚明白，如果所用義理不背離佛法，那援引外學說明也是可行。」自此，道安法師便又特許慧遠，可以適度應用外學典籍。

道安法師在鄴城受都寺平靜地弘法四年後，時局不安定的業力再度襲來。慕容儁早有謀畫討伐前秦及東晉，在前燕光壽二年（西元三五八年，東晉升平二年）十二月，便下令全國大徵兵，每戶只能留一名男丁。全國壯丁男子陸續結集到鄴城，到光壽三年年底已徵調兵將一百多萬人，戰事又將爆發。

有一天，竺法汰對道安法師說：「燕主慕容儁夢見石虎咬了自己的胳臂，於是慕容儁便派人掘開了石虎的墓地，對他的屍體加以鞭屍，又數落其罪狀，最後扔到漳河。」道安法師聽了之後便說：「死者已逝，夢由心生，這也是一個預兆，慕容氏的天下恐怕也保不住了。」有了上次逃離鄴城的教訓，這次道安心裡已有了一番安排；等時機到來，便要帶領僧眾離開這個是非之地。

前燕光壽四年（西元三六〇年）正月，燕主慕容儁大閱兵之後突然得了重病。道安法師聽到這個消息後，與竺法汰、慧遠商量，趁機率領僧團陸續撤離鄴都，奔往王屋、女休山而至濩澤。

渡黃河至陸渾「木食修學」

不久後慕容儁去世，其子慕容暐繼位，前燕朝廷發生內亂，戰亂又開始了。前燕建熙二年（西元三六一年，東晉升平五年），駐守野王（現今河南沁陽縣）的前燕河內太守呂護投降東晉，引來慕容恪數萬大軍征討，將野王層層包圍，長達三個月之久。此地離王屋、女休山一帶距離非常近，讓道安法師覺得濩澤也成了不能久留之地；於是，便決定帶領僧眾再次遷移。

慧遠年少時期在許昌、洛陽之地遊學，他知道南渡黃河、於洛陽西南方有一座熊耳山，位於伊水、洛水之間，是潛修的好地方，屬於東晉領地，應該較為安定。

僧團便南渡黃河，停留在熊耳山南麓的陸渾（現今河南省嵩縣東北）在此安頓下來。但這裡的局勢還是有些動盪難測；很多跡象顯示，前燕有向南擴張之心，應該還會波及這裡。

前燕建熙三年（西元三六二年，東晉隆和元年），投降前燕的呂護又領兵攻打東晉洛陽。建熙四年，前燕慕容忠又攻打了滎陽，滎陽失守。道安僧團在陸渾期間生活艱難，只有結茅編蘆而居，帶領僧眾隱藏在山林草野之間，過著「木食修學」、浪棲草宿的生活，靠採集山中野果度日；但他們並沒有懈怠，堅持研讀經法，修持戒律。

建熙五年（西元三六四年），前燕開始大舉進攻黃河以南。七月，慕容恪率兵攻打洛陽，隔年三月攻克了洛陽，直接影響了陸渾一帶。道安法師別無選擇，只能帶領弟子南下避難。

當時的僧團弟子多為北方人，並不願意遠離家鄉；道安以弘法事業鼓勵僧眾，願大家為法忘軀，讓弟子們堅定弘法信念，於是僧團一路南下。

第四章　襄陽弘法

無變化技術，可以惑常人之耳目；無重威大勢，可以整群小之參差；而師徒肅肅，自相尊敬，洋洋濟濟，乃是吾由來所未見。

道安法師在襄陽的十五年，是重要弘法歷程。其中在白馬寺長住約八年，期間不停增建各寺，也興建了著名的檀溪寺，都是為了弘法安僧。皈依、剃度弟子極多，度人無數，建立龐大僧團；並領導般若學研究，實踐「依國主，立佛法」之弘法原則。

習鑿齒邀請至襄陽弘法

道安法師僧團在陸渾木食修學困難下，又遇前燕大舉進攻，便帶領僧團一路南下避難；途中僧眾一路疲勞奔波，水土不服等因素，多人罹病。行至南陽時，道安法師便在此暫作停留，讓大家得以調養。

在南陽時，道安法師收到東晉名士習鑿齒來信，盛情邀請道安法師至襄陽（今湖北襄陽）弘法。信上說：

弟子聞不終朝而雨六合者，彌天之雲也；弘淵源以潤八極者，四大之流也。……又聞三千得道俱見南陽……是以此方諸僧咸有傾想……老幼等願道俗同懷，繫詠之情非常言也。

習鑿齒謙稱，聽說蒼天並非整天降雨於天地四方，主要看是否有滿天厚雲；能否光大其淵源以滋潤九州八極之地，主要是看有沒有四大（道、天、地、人）促使它流布。又聽說得道僧人在南陽，我們襄陽地方的僧眾都十分傾慕與思念，老少僧俗共同懷著能與你們一起誦經的期盼，此願不是一般言語所能表達。

習鑿齒這封信函寫於東晉興寧三年（西元三六五年）四月五日，正值道安法師僧團南遷路上。習鑿齒早聞道安盛名，聽到了法師南下的消息，便立刻寫了這封長信，誠摯邀請法師前來襄陽；這封懇切邀請道安南下襄陽的書函，適時提供了道安弘法之路，成就中土佛法傳播因緣。

道安深知東晉名流士紳一向崇信佛教，尤其重視大乘般若學，以作為玄學清談題旨。於是，他率領僧眾弟子往南，雖亦為避難，其實更是希望佛法義理能興盛於東晉，實現弘法目的。

於新野分張徒眾

道安法師一行人南下襄陽之前，道安法師欲分張徒眾的想法已醞釀許久；

若要將佛法弘揚開來，必須要讓僧眾分頭進行，也就是將僧團分成幾個部分，同時派遣至各處弘法。

逃難途中行至新野（今河南省南陽市新野縣），他對徒眾說：「今遭凶年，不依國主則法事難立，又教化之體宜令廣布。」在這個兵荒馬亂的時代，不依靠國主，弘揚佛法實屬艱難；只有佛法才能救度世人出離苦海，我們出家人應當努力，弘法佈教。道安法師生平共有兩次分張徒眾，新野是第一次。

道安法師早年親近師父佛圖澄時曾討論過，是否要依靠國主來弘揚佛法的問題。在佛經中有記載，佛陀世尊在弘法時，對小國的王族們直接弘法，引領他們信奉佛教，大大擴展佛教影響力；例如，佛陀對父親淨飯王、頻婆娑羅王、阿闍世王等王族，都是直接傳法，令他們信奉佛教。所以，佛圖澄亦是投靠後趙石氏，以便進行佛法弘揚，效果卓越。道安法師深刻體會，戰亂時期弘揚佛法艱難，因而特別提出依靠國主弘法論。

道安僧團從陸渾出發，五百多人一同南下襄陽，行走十多天，約三百七十公里的路程，到了新野。新野為交通樞紐，道安便提出分張徒眾的決定。距新野縣城十多里處有一驛站，至今地名仍叫古驛，也就是古驛站之意，表示這一帶自古即為交通樞紐，可以分通東西南三個方向，故道安在此將僧眾一分為三。僧眾皆謹遵師父安排，分派各地。

於是，他安排竺法汰率領部分僧眾東向揚州弘法。雖然他的辯才不及道安，但竺法汰風姿瀟灑，氣宇不凡，揚州的士人君子喜好清談品評人物，會特別欣賞這樣灑脫飄逸的風度；因此，竺法汰去揚州，是最合適的人選。

竺法汰自從師父佛圖澄去世以後，幾乎都是與道安法師一同弘法。這次被派到江東，江東即東晉統治地區，稱為江東或江左。為了肩負弘法使命，不得不與修道多年的法友別離。竺法汰帶著曇一、曇二等四十多名弟子沿江東而下，直奔揚州而去。在離別之前，道安法師對他說：「法師在北方的時候，為僧眾樹立弘法的榜樣；如今將到南方去弘法，必定也會有所成就。也期許我們將來命終到彌勒淨土，共同成就佛法。」

道安法師又派遣竺法和帶領部分僧眾向西入蜀。他對師弟法和說道：「蜀地多謙和溫潤之士，師弟你謙恭有禮，又穎悟絕倫，擅長解經說法。蜀地的山水會適合你去修行弘法的。」由此可見，道安法師這樣安排，自然也是經過一番深思熟慮。

道安法師讓竺法汰向東、竺法和向西，自己則帶領著慧遠等四百多名僧眾，繼續南下襄陽。在渡過白河以後，他們日夜兼程，加緊腳程。然而，有天晚上，突遇大雷雨，閃電交加，風雨不止；僧眾們只能互相勉勵，冒著暴雨前行，盼著能遇到避雨地方。

一行人突然發現，前方有一間大戶人家，弟子們很是高興，正要前去打招呼；那戶人家看到這麼一大群人蜂擁而來，嚇得趕緊關門，讓僧眾吃了個閉門羹，個個不知所措。道安法師告訴大家：「在這兵荒馬亂的世代，流寇四起，百姓見一大群來歷不明之人，不知是軍隊或是打劫人，故有防範心。」

於是，道安法師便上前敲門高喊：「林百升！林百升！」大戶人家聽見有人喊出名字，便立刻開門相迎，主人見其原來是一隊僧眾，便客氣地說：「實在抱歉，方才不知是法師到來。但我們彼此素不相識，法師如何得知我叫林百升呢？」主人心想，莫非遇到了神僧，內心一陣欣喜，趕緊將道安法師等僧眾迎請入屋，並殷勤款待，讓法師與僧眾們能安單休息。

道安的弟子們見此狀況，只覺驚訝不解。他們心想：師父從來沒跟我們提起過林百升這個人，而我們頭一次到這個地方，師父怎麼會知道這家主人的姓名呢？豈不神哉！師父以往從不炫耀有任何神通方術，總是用佛法教導我們，這次讓我們實在難以理解。

當弟子們上前問道：「為何師父會知道這莊園主人叫做林百升呢？」道

安只是笑笑，指著門庭內的兩棵馬柳樹說：「你們看，這家門庭內有兩棵馬柳樹木，這不是合成一個『林』字嗎？兩棵馬柳樹中間掛著一個馬篼，馬篼可以裝百升的糧食，故稱『百升』。從此跡象，我判定這家主人姓名就叫林百升。」

道安沒有多作解釋，他並不是會炫耀有神通的風格，只道這些都是透過觀察所得知。經過此事，弟子們均認為，師父是真人不露相，對師父更添敬意。

初到襄陽

道安僧團是在東晉哀帝興寧三年（西元三六五年），抵達襄陽，時道安五十四歲。襄陽屬荊州，自古以來乃兵家必爭之地，是東晉的重要城市，匯集了不少豪門貴冑以及名士夙儒；道安的到來，也為此地增添了一分文學風采。

大眾抵達襄陽以後，便在峴山的白馬寺住了下來。

能在白馬寺安單下來，道安已感到非常欣慰了。長期在北方曲折弘法經歷，已讓道安法師能夠在任何情況下，都能從容不迫地去完成該做的事情；僧團在他領導下，也都精進用功，持戒修行。所以，到了襄陽安頓好了之後，道安法師便讓弟子慧遠一如往常地召集僧眾讀經，並將講法的重任交給了慧遠，道安便有更多時間去探究佛法、註釋佛經等工作。在註經研讀過程中，有了新的體會，就會先講給慧遠聽，再由慧遠教授僧眾們；持續精進不懈地用功，兼顧四眾慧命。

魏晉時期流行清談玄風，名士喜歡親近法師，藉高玄佛法以資清談，但像習鑿齒這樣熱心學佛、想真心結交道安法師的人，並不多見。習鑿齒為人耿介，雖有些名人的桀傲，但他真的對道安法師抱有期盼。只是，當他初見道安法師時，見道安法師又黑又醜，心裡確實有些低估他。

最初見面，道安法師與僧眾正在用齋；此時從外面進來一位氣度非凡、頗有雅士風範的人士；眾僧見到此人，知道一定是非比尋常之人，於是都把飯鉢放下，注視著這位陌生人；唯獨道安法師旁若無人，繼續用膳。習鑿齒眼見法師頭也不回，心生不悅，便向道安法師自稱：「四海習鑿齒，特來拜見。」道安法師頭也不抬，回稱：「彌天釋道安，無暇得相看」。

習鑿齒見道安法師這般傲慢，心中便生較量之心，決定要考考這位法師，看他到底有何本領。於是口中便念出一句：「頭有鉢上色，鉢無頭上毛。」道安不假思索地馬上回答：「面有匙上色，匙無面上坳。」習鑿齒又說：「大鵬從南來，眾鳥皆戢翼；何物凍老鴟，腩腩低頭食。」這話正是在暗諷道安法師剛才的傲慢，也表明自己有來頭：像我這樣有身分才氣的大鵬前來拜會，眾鳥皆收藏其羽翼——所有的僧眾都敬我三分，為何你這個凍老鴟，頭也不抬地只顧著吃飯？

習鑿齒對此詰問頗感得意；但他還沒神氣完，就聽到道安回答：「微風入幽谷，安能動大材；猛虎當道食，不覺蚤虻來。」意思是說：你來到我的道場，只像微風吹入巨大的深谷，我根本就沒有什麼感覺！又如同猛虎正在使用他的食物時，蚤虻小蟲來侵擾，能妨礙什麼事呢？

這幾句妙答，應答得習鑿齒無言以對。道安的機變善談、風趣幽默，讓習鑿齒覺得這位法師絕非簡單人物，不得不佩服道安的深厚的智慧，並生起恭敬之心。從此以後，習鑿齒對道安頗為傾慕，不時來向道安法師請教。

某個秋日，習鑿齒帶了十顆成熟的脆甜梨子去拜訪道安法師。當他到了白馬寺時，僧眾們正在用齋；習鑿齒覺得來得正是時候，便將梨子獻上，並說：「請道安法師慢慢享用！」法師道了謝說：「這麼好的水果，我必須和僧眾們一起享用！」習鑿齒回道：「真不好意思，我只帶了十顆。」道安法師便親自分剖梨子，將剖好的梨子一片一片分傳下去，在場數百位僧人竟能人人有份。

道安法師實踐「六和敬」中的「利和同均」精神，與僧眾們長期共患難，以平等之心對待每一個人，利益均分，乃是平常之事，看在習鑿齒眼中卻非常感動。

另外一位親近道安法師的名士也很特別。郗超（西元三三六至三七八年）字嘉賓，高平金鄉（位於今山東）人，是東晉開國功臣郗鑒的孫子，也是當時大書法家王羲之夫人的姪子。他聰明絕頂，有曠世之才，而且個性如名流一般，渾然不拘，但潛心奉佛，仰慕道安法師。

郗超當時是大司馬桓溫的參軍，雖然仰慕道安法師已久，但因忙於軍務而難以一睹其風采，所以便命人給道安法師的僧團送來一千斛大米，同時恭敬虔誠地捎了一封厚厚的書信給道安法師，以表敬意與虔誠供養之心。道安法師回信時卻只說了短短一句：「浪費這許多大米，更讓人覺得『有待』是多麼累贅啊！」

「有待」出於《莊子》，意思指有所依靠、憑藉。在道家思想中，覺得有依靠、有憑藉都是不自由的；道安法師用「有待」二字來回應，意指人的生命要仰賴糧食才能活，其實是不自由的。此句一方面表達了道安法師感謝郗超的供養，二來巧妙地運用玄學的概念表現佛教的生命自由：「不在於飲食，而是要超越這些有局限的東西，達到涅槃的絕對自由」來點化郗超。道安法師這簡潔的回覆跟郗超的長書相比，更符合東晉人所謂的風度。

在名士之中，習鑿齒還是非常正義的。自他上次送梨給道安法師後，讓他深覺道安法師是一位真正有修行的高僧；這樣的人才，東晉應該要相當重視，否則將是東晉的損失。於是，習鑿齒想向朝廷推薦道安法師。可是，現在東晉還是權臣桓溫的天下；習鑿齒曾與桓溫有些過節，不便向他推薦。他又想到了郗超；只是，這個人雖然篤信佛法，但他是桓溫的參軍，有著臣屬關係，也沒辦法信得過。

後來他想起了謝安，他就沒什麼豪門世族的架子。有一次他到謝安家作客，碰巧遇到王獻之也去了謝安家；王獻之對習鑿齒相輕，不肯與他同坐；反觀謝安絲毫不介意，表現出仁厚雅量、胸襟寬懷。他便想向謝安推薦道安法師的佛法智慧。

與江東通信

道安法師在襄陽白馬寺，還是會惦記在外弘法的師兄弟。竺法汰弘法目的地是江東的揚州，但是他向東行剛到達陽口之時卻生病了。荊州人司馬桓溫得知竺法汰生病，便派人前去把竺法汰請到荊州來調養。

竺法汰生病的消息也傳到了道安耳裡，他很是擔心，便派了慧遠前去探望。當竺法汰病好了以後，他們兩位在荊州大破沙門道恒所講的「心無義」學說（其義理後文會述及）。

當竺法汰病情好轉之後，他想向桓溫道謝，慧遠就陪同竺法汰前往桓溫的府邸拜謁。到了桓府時，管家傳話：「大司馬非常高興法師到來，但是為了爭取時間與法師暢談一番，還請法師稍候，等大司馬和其他客人聚完之後，再向法師請法。」弟子們眼見大司馬很看重竺法汰法師的到來，非常高興。可是，沒過多久竺法汰就請桓府管家稟告大司馬：山僧風痰突然發作，不能暢談，只好下次再訪。於是，眾弟子們就把竺法汰的轎子抬起，向外走去。

弟子們心中不解，法師剛才還好好的，怎麼突然說風痰發作呢？當一行人準備離去之時，大司馬親自跑出來攔住轎子，他說：「法師請留步！」眾弟子心想，法師將來在荊州必定會大受歡迎，因為大司馬都親自出來請留了。當大司馬見識到竺法汰身材修偉、風度翩翩，說法義理高深、談吐文雅，氣度超俗，讓大司馬非常讚賞。

後來慧遠才明白，師叔竺法汰說風痰發作，其實是推託之詞；因為他非常了解那些江東名士的性情，推託想要離去，只不過是故作姿態而已；大司馬親自出來攔轎，江東世族都會另眼相看，將來也會賞識竺法汰的弘法。

竺法汰弘法的目的地是揚州。他與慧遠在荊州大破「心無義」之後，又讓大司馬桓溫攔轎請法，確實得到了江東人士的極大敬仰；所以，他離開荊州後，直下揚州，便很快地得到四方的重視。

當時道安法師精心安排，法和法師入蜀、自已跟慧遠鎮守襄陽白馬寺、竺法汰南下揚州，都是為了弘揚佛法，利益眾生。為了法義問題，師兄弟經常通信；當師兄弟的書信傳來時，道安總是非常高興。

他得知法和法師入蜀以後，以他的博學義理、為人謙恭，精於解說佛法，而得到了僧、俗的敬仰，讓道安法師極為寬心。道安更關注於竺法汰；他雖然在荊州贏得了桓溫大司馬的賞識，但揚州是東晉的政治文化中心，是名流匯聚之處，所以他想多了解竺法汰在江東發展的情況。

竺法汰初到揚州之時，開始並沒有多少人了解他；但是隨著與王珣、謝安等名士交往後，得到了江東士族名流的賞識。謝安是東晉政治家，後來貴為宰相；王珣是東晉奠基丞相王導之孫，權貴之後。有這些權貴助緣，讓竺法汰在弘法上得到了許多幫助。

咸安元年（西元三七一年），竺法汰又遷移到了建康（今江蘇省南京市），也就是東晉國都，入住了瓦官寺，受到簡文帝司馬昱的崇敬。簡文帝素以「尤善玄言」及「履尚清虛，志道無倦」著稱，對佛教非常敬重。簡文帝與竺法汰談論佛法後覺得法師的佛法精深奧妙，受到很大的啟發；於是，他邀請竺法汰法師開設法筵，請講《放光般若經》。當日，簡文帝親臨法會，王侯公卿自然也都到場聽法；僧俗兩眾前來聆聽者，更不計其數。

竺法汰法師的相貌及風度都是上選，高雅的氣質更震懾住那些王公名流，在江東聲名鵲起，當時前來投師竺法汰的弟子多達千餘人。

東晉的王公貴族也大都親近佛教，例如東晉的元帝、明帝，遊心佛法之中，禮敬高僧，希望藉此得到心靈紓解。明帝擅書畫，亦工畫佛像；哀帝也喜好佛法，時常邀請竺道潛入宮講解《大品般若經》。這些王宮貴族希望在佛教中找到精神寄託，藉以陶冶性情、遊心玄虛、談玄說法和設齋供養僧眾。上層士族學佛，使佛教在南方得到了迅速廣泛傳播。

王珣與謝安是最大的世族，皆對道安僧團弘法有所助益。東晉雖然是司馬氏政權的延續，但朝廷受制於世族大家的把持；最先把持政權的，乃是出身琅琊王氏的王導，其後又有陳郡謝氏的謝安、謝玄等。剛南渡而來的東晉，有賴權臣王導主持大局，一方面拉攏江南士族，一方面又安排從中原南下的士族，皆能以司馬氏作為共同擁戴的對象，使東晉政權能夠穩定下來。

南方世家大族本身擁有大量田地，乃至擁有自家部隊（即所謂「部曲」），有足夠實力抗衡司馬氏政權；經過王導巧妙安排，讓政局能穩定下來，故時人稱「王與馬，共天下」，可見王導勢力之大。其後就是謝安主政，顯示出王珣與謝安都是當時最大世族。竺法汰因受到簡文帝司馬昱的崇敬，其演教之風亦受到世族大家們青睞。

竺法汰寫信給道安法師，談論他在江東弘法的進展；當他遇到研讀佛法上的疑難時，便一併向道安法師請法。像保留在《出三藏記集》中的〈問釋道安三乘并書〉、〈問釋道安六通〉、〈問釋道安神〉等信，都是竺法汰在江東寫給道安的書信。兩人各化一方，在佛法修養上各有風采，但道安法師在整體義學修養上還是要高明些，這些書信大多是竺法汰向道安法師請益佛法。道安法師雖是襄陽的精神領袖，卻也一樣引領著江東及四方眾師兄弟們的佛法進展。

當時因為佛法初傳，佛經尚未全面普及。傳入經典有限，法師們能夠獲得的資料也不夠完整，很難向前人諮詢，才會對佛法義理產生理解上的困難；鑽研佛法只能依賴師兄弟們互相扶持，摸索前進。

道安法師在襄陽白馬寺弘法，他能得知東晉建康方面的佛教發展都是透過與竺法汰通信而理解。竺法汰在信中，常提到沙門竺僧敷、道嵩，是與竺法汰同樣在瓦官寺修行的高僧。竺僧敷在西晉末年避難於江東建康，即待在瓦官寺修行，一直開壇講經，建康本地的沙門對他的修為極為敬佩；寺中另有道嵩法師，在解讀佛經同樣具有很高的見地，所以竺法汰向道安推薦了竺僧敷及道嵩兩位法師。竺僧敷擅長講《放光般若經》與《道行般若經》，這兩部經道安法師也極為重視，因其重視大乘般若學，對這兩部經非常看重，並花許多功夫研讀及開講。

透過通信，竺僧敷、道嵩亦經由竺法汰了解道安法師對般若學的深厚修養，也非常欽佩。道嵩法師特地寫信給道安法師，向他推崇同寺法友竺僧敷，讚歎道：「敷公研讀佛經，精微深入，見解獨到，不是我等所比擬。」可見竺僧敷的般若學在江東佛學中是有一定地位的。在竺法汰多次與道安法師的通信中，亦曾詳細敘述竺僧敷的般若思想，使得道安法師對竺僧敷也極感興趣，希望能相互切磋、獲得法義。

亂世修行逢知己，對堅貞求道的僧眾來說如獲至寶，所以竺法汰、竺僧敷在瓦官寺建立起深厚法誼，精誠可貴。竺僧敷去世多年後，竺法汰在研讀般若學時，仍會生起思念故人的情懷；從竺法汰法誼深厚中看出，雖是一代高僧，卻是性情中人。有人如此形容晉人：「對外發展了自然，對內則看到自己的深情重義。」這種魏晉風度，正適合竺法汰的風格，所以他在江東弘法如魚得水，對道安法師僧團整體的弘法事業，在江東做出不可磨滅的貢獻。

廣建佛寺，興建檀溪寺

建立寺院而有依止之處，僧眾才能安心修學。興寧三年，道安來到襄陽時，僧團先整修位於峴山的白馬寺；不久後，白馬寺已相當擁擠。隨著名聲遠播，僧團日益壯大，求法僧眾雲集而來，安僧護法、廣建佛寺成為重要課題。僧團一直擴建佛寺，表示法脈益長；僧團若不再增建房舍，則表法派停滯不張。

道安初到襄陽幾年間，在習鑿齒與當地士紳及信眾護持下，陸續於襄陽籌建寺院十多座，呈現峴山「一里一寺」奇景。道安親建峴山寺（普樂寺），此為親自選址的第一座寺院，現稱為峴石寺。

習鑿齒於習家祠附近捐地建成谷隱寺；此為一座幽靜山谷，清淨易於修行。為了更能護法安僧修行，道安派遣徒弟四處勘查選址；例如，派慧遠建寺，往後數年間慧遠陸續完成甘泉寺、如珠寺、龍泉寺等寺院興建。

太和二年（西元三六七年），江陵也傳來長沙太守騰含「於江陵捨宅為寺」，要求道安派遣僧人至長沙寺住持，道安指派戒臘資深、學養精勤的曇翼前往長沙寺。長沙寺為道安僧團在江陵的重要支派。

道安法師在襄陽十五年弘法期間，最後三、四年待在檀溪寺，是襄陽弘法的精華時期。

寧康元年（西元三七三年），道安六十二歲。東晉權貴桓豁（西元三二〇至三七七年）邀請道安法師前往駐地江陵；此人是東晉權臣桓溫的次弟，是征西大將軍，久聞道安法師大名，前來祈請道安法師前往荊州江陵暫住及弘法。這次往江陵弘法期間，道安法師也曾與僧光法師、竺法汰法師南遊晉平講道弘化。如《高僧傳．卷五．釋僧光傳》載：「安曰：『弘贊理教宜令允愜，法鼓競鳴何先何後。』先乃與汰等，南遊晉平講道弘化。」晉平在《晉書．地理志》

屬於廣州鬱林郡，今廣西省境內。

在江陵不到一年的時間，也就是隔年（寧康二年，西元三七四年），大將朱序調任襄陽駐守。朱序是對佛法有大信仰之人，他怎可讓道安法師留在江陵呢？所以，計畫將道安法師請回襄陽：「師乃當世道學之津梁、人格之典範，能起化導眾生的慧命，必需時常請教法師才是。」因此，朱序執弟子之禮，恭敬禮遇地把道安法師請回到襄陽。

因僧眾聚集，寺院擴建為道安僧團所必須面對的問題。在朱序及大眾的護持商議之後，道安法師將新建佛寺，當時的世族紛紛表示願意捐地獻宅供養，希望能藉此供養僧團得到大福報。

在世族之中，清水的張殷是襄陽大富長者，並且虔誠恭敬佛法；他所捐獻之地，位於現在襄陽城西門九宮山（今襄陽真武山），一片面對清澈檀溪水的良田，奉獻給道安法師建寺弘法。這地方也就是三國時代劉備躍馬檀溪之地，可遠望清秀的望楚山，風景幽雅。道安法師覺得這是一個建寺修行的好地方，就將寺址選在這裡，並將寺廟起名為檀溪寺。

在《高僧傳》中記載：「更立寺名曰檀溪，即清河張殷宅也。大富長者並加贊助，建塔五層，起房四百。」檀溪寺的開建，除了朱序、張殷的擁護之外，襄陽附近的富豪也紛紛加入施捨捐助，寺廟建得非常順利，並且建有一座五層樓的大佛塔，形式宏偉，規模比白馬寺大很多，僧房也達四百多間。寺廟宏偉，能容納度眾之地更廣大，實踐自利利他宏願。

遠在建康的竺法汰聽到道安法師要建檀溪寺，十分歡喜，派人提供許多奉獻。此時寺院剛剛建好，還需要承造承露盤，便拜託竺法汰來承建。承露盤是建築物的飾物，為立於佛塔頂上的重重相輪。在印度，露盤是在佛塔頂端設置一個平臺，用以安放佛陀的舍利；在承露盤的上方再加設輪蓋，用以覆蓋舍利，作為供養之用，是屬於一種承接露臺或露盤。

連遠在大西北涼州（今甘肅）刺史楊弘忠，聽聞道安法師要建檀溪寺，也不遠萬里派人送來萬斤銅料，希望給道安法師製作承露盤；不過，當這些銅料送達之時，承露盤已經鑄造好了。道安法師對楊弘忠刺史的虔誠供養也極為感動，就寫信給刺史諮詢他的意見，希望用這些銅料鑄造一尊大佛，讓楊刺史功德能更深廣增上，也說明承露盤已委託竺法汰法師營造完成，所以用這萬斤銅料來塑金銅佛像最好。

聽聞道安法師要鑄造金銅佛像，許多鑄造師都趕來幫忙，而且一起草擬圖案形式；加上銅料已經運達，所以這些銅料很快就鑄成了一尊金光閃閃、莊嚴肅穆的丈六佛像。佛像在燈光照耀下，閃閃發光，真是佛光普照，將整個殿堂襯托出莊嚴光彩，讓所有瞻仰者能生起敬肅之心，讓眾生佛性藉由禮佛當下，得以顯發出來。佛像與人心互相輝映，佛法光芒普照，讓人心得到淨化寂靜並感受佛法精神，生起佛法菩提願心。

佛教在印度盛行於浴佛節當天做行像出巡法事，也就是將佛像放在裝飾嚴麗的大象背上，或者放在莊嚴車輿之上，出巡繞境行佛，以佛恩加被，為天下百姓祈福。道安法師剛剛新建檀溪寺，又建造了莊嚴萬斤金銅佛像，便決定在浴佛節做一次盛大行像佛事。

浴佛節當天，襄陽城人聽聞浴佛行像法事之莊嚴，紛紛來到檀溪寺山下的路上，前來瞻仰禮敬佛像；這一段路人山人海，為了一睹莊嚴佛像在特製鮮花四輪車上的佛光輝耀。伴隨著大眾的念佛聲，佛像被大眾簇擁著一路從檀溪寺推出來，走向附近的萬山巡禮；場面壯大莊嚴，目睹佛像者皆生起敬仰之心。

道安法師及眾弟子推著佛像，領路走在隊伍最前面，僧眾隊伍顯得格外莊嚴。威儀具足的隊伍行佛至信眾面前，他們歡喜踴躍，紛紛散花禮拜佛像、燒香供養，並讚歎道安法師是大慈大悲的印手菩薩。

道安法師的左手臂上自幼就多出了一塊肉，高高隆起，而且隱約有文字的紋理；所以，在道安法師聲名遠播以後，人人皆稱「印手菩薩」。道安法師感念這次行像的成功，內心虔誠地雙手合掌說道：「願望已實現，就算今晚死去，也沒有遺憾！」

道安法師積極教誨弟子，故僧眾人數不斷遽增，人數已達到千餘人。道安法師在襄陽十五年的弘法，是他一生弘法的重要里程。

聲名遠播南北

隨著道安法師僧團裡的慧遠在荊州大破「心無義」學說，竺法汰在建康受到王公貴族的敬仰，而道安駐錫於襄陽檀溪寺，弘法聲勢日漲，權貴名流紛紛來請法，印手菩薩聲名紅遍大江南北。

名聲不是道安法師在意的事情。他更加精於持戒，督促弟子勤修精進，去除貢高我慢，增長戒定慧功德；每年在寺中都開講《放光般若經》兩次，從不懈怠。

弘化德風，日益流布，追隨者絡繹而來，不但僧眾人數已千餘人，信眾更是紛紛追隨。龐大僧團的開銷，讓道安法師有時會覺得維持不易，但前來請求剃度的徒眾越來越多，所以道安法師經常推薦他們到其他寺院剃度。

這時習鑿齒前來拜見道安法師，並且帶來好消息。因為習鑿齒對道安法師欽佩不已，他便寫信給大司馬桓溫底下的謝安——謝安是後來輔佐東晉政權的大臣，極力推薦道安。〈習鑿齒書與謝安書〉讚歎道：

來此見釋道安，故是遠勝，非常道士。師徒數百，齋講不倦。無變化技術，可以惑常人之耳目；無重威大勢，可以整群小之參差；而師徒肅肅，自相尊敬，洋洋濟濟，乃是吾由來所未見。其人理懷簡衷，多所博涉，內外群書，略皆遍睹；陰陽筭數，亦皆能通；佛經妙義，故所遊刃，作義乃似法蘭法祖輩。統以大無，不肯稍齊物等智，在方中馳騁也。恨不使足下見之，其亦每言思得一見足下。

大意是，習鑿齒書向謝安讚歎，道安法師超凡脫俗遠勝常人，是深諳佛法的高僧，絕非一般修道人（古時佛道兩教出家人皆稱道士）。大師領眾僧徒數百，日日精勤修行，講述佛典從不懈怠，也不見施展眩惑人心的神通變化；他對僧眾殷勤教導，從來不以重威大勢壓人，正可以使群體小眾得到和諧。師徒人人謙恭有禮、相互禮敬，寺中一片祥和，卻有積極肅穆之感，在其他地方是沒有見過的。道安法師洞悉微理博覽群書，對佛經義理體認高妙，甚至陰陽算數、內外之學也無不通曉。如果沒有拜訪過這位大師，真是遺憾！

謝安早已聽聞道安法師大名，收到信件後，他知道習鑿齒不會輕易推崇別人，法師一定是非比尋常，對道安這位尚未謀面的高僧便產生了仰慕之情，幾次都想到襄陽去拜訪法師，領略法師佛法風采；只是，謝安當時政務繁忙而未能如願。

不久後桓溫去世，晉孝武皇帝登基，謝安輔佐東晉朝政。孝武帝本來便篤信佛教，甚至在宮殿內設立精舍，專供出家法師弘法；再經過謝安推薦，孝武帝不久後便派遣使者來到襄陽，大加表揚道安法師的道德學問，並下了一道詔書，表彰道安法師弘法精勤。在《高僧傳．卷五》記載：

詔曰：「安法師器識倫通，風韻標朗，居道訓俗，徽績兼著，豈直規濟當今，方乃陶津。來世俸給，一同王公，物出所在。」

詔書讚歎道安法師學術通博，大才大智，氣度非凡，風韻愜朗，佛學淵深，弘揚佛法功勳卓著，能為今世做出規勸救助，世道將可被澤於當來。從今以後，供養法師俸祿之物，等同一品王公。

在東晉歷朝的名士大臣之中，信奉佛教的人數很多，例如王導、庾亮、周顗、謝安、何充、王羲之、孫綽、郗超等，皆樂於與名僧交往，悠遊佛法之中。東晉的佛寺據載有一千七百六十八所，僧尼數量達到兩萬四千人之多，可見佛教發展之盛。

襄陽再起烽煙

不僅東晉朝廷對道安法師大加表揚，就連北方胡族權要，對道安法師也是傾慕不已；其中對道安法師最為敬仰之人，就屬前秦皇帝苻堅，其家族世代都是西戎氐族酋長。苻堅對東晉大片土地覬覦已久，致使北方戰火蔓延到了襄陽城，打破了平靜的生活。

前秦是一個新興的少數民族，政權發展迅速，在東晉太和五年（西元三七〇年，前秦建元六年）滅了前燕。寧康元年（西元三七三年，前秦建元九年），攻奪東晉的梁州、益州，統一了北方。東晉太元元年（西元三七六年，前秦建元十二年）又消滅了前涼。又趁著鮮卑拓跋氏衰亂之際滅了代國，使得北方幾乎都收入前秦的幅員之下。

苻堅自幼非常喜歡漢文化，而且廣設學宮，下令公卿以下子弟都必須入學，並每月到太學視察獎勵人才；苻堅甚至規定，凡俸祿百石以上官員，如果不能精通一部經典、沒有一門才藝，就一律削職為庶民。苻堅的措施，鼓勵了當時的讀書人，使得朝廷上下一時人才輩出。

東晉太元二年（西元三七七年），苻堅的太史向他上奏：「有一顆特別明亮的星星，在國外分野出現了，這是聖人出現的象徵；天下帝王誰能得到聖人輔佐，就能昌盛繁榮起來。」從星象學看，就是在前秦以外的其他國家有聖人出現了。

什麼叫「分野」呢？古代占星學家認為，天上星座空間與地上的各國各州均有相對應的兆頭，從地面看上去就叫「分野」，在天上看就叫做「星分」。當時的人以觀察天象變化來占卜人間吉凶禍福。

所以，前秦如果能得到聖人輔佐，國運必然強盛；如果聖人到別的國家，那就是別的國家強盛了，對前秦便是不利。苻堅一聽立刻問道：「聖人是誰？會在什麼地方出現？朕聽說，西域有聖人鳩摩羅什，在襄陽有道安法師。」是否就是星象學指示的聖人呢？如今佛教大興，天下聖人有可能出自佛門。朝臣也一致認為，襄陽道安法師及西域鳩摩羅什大師應當是當今聖人！

苻堅早對道安法師極為欽慕；在道安法師新建檀溪寺時，特別派遣使者贈送了金箔椅佛像一尊，高七尺、結飾珠寶的彌勒佛像一尊，以及金縷綉線織成佛像一幅，向道安法師表達傾慕之意。莊嚴華貴的佛像，每當道安法師升座講經時，便讓弟子將佛像一一陳列在法會會場，加以裝飾，豎立幢幡供養。法師說法會上，佛像之光、珠寶之光，法乳與佛光互相輝映，令所有參加法會大眾都能頓時生起敬慕之心。

苻堅聽到朝臣們推崇道安法師為聖人的議論，心中頗為歡喜。他說：「襄陽道安法師確實是神器，非同凡響，正打算請他來輔佐朝政。」於是下令分派使者，請求道安法師來到前秦，並前往西域請鳩摩羅什法師。

這樣遣使請求多半是無用的，有哪個國家願意拱手將聖人讓與他國呢？之後，前往襄陽的使者回報：「東晉襄陽鎮守大將朱序一口回絕，沒有商量餘地。」苻堅一聽大怒：朕好心請道安法師前來，竟不給面子，那就休怪朕不客氣了。出於對道安法師的景仰，想獲得道安法師竟然成為他攻打襄陽城的理由之一；其實，也是苻堅想一統南北、託言出兵攻打襄陽之藉口。

隔年，太元三年（西元三七八年）二月，苻堅派遣長子征南大將軍苻丕作為統帥，以及衛武將軍苟萇等帶兵七萬，會合其他三路兵馬，總共十七萬軍隊向襄陽出兵，下令限期攻克襄陽。襄陽是連結江南江北重要戰略之地，如果能攻下襄陽，便能解除東晉對河洛一帶的威脅，有效阻撓東晉北伐，處於關中的前秦便能獲得安定；如果襄陽一破，前秦便據有向南進攻有利之地，使得統一天下能有重要根據地。

朱序是曾經打過幾次大仗之人，對於前秦的大軍來攻，卻顯得太過麻痺大意，只是下令撤出漢水江上的全部船隻，防止前秦兵馬渡河。沒想到，前秦大將苻丕也頗有謀略；他挑選了五千名猛將，偷偷渡過漢水，奪取對岸一百多艘戰船。當朱序得到情報時，慌了手腳，要調兵已經來不及。如此大意，讓鎮守襄陽的軍隊一時慌了手腳，喪失鬥志，不久後襄陽外城就被攻破。朱序一面命令將領死守中城，一面派遣死士潛行送信，希望獲得東晉援兵。

前秦苻堅不停對襄陽增派兵馬，東晉將領卻不敢出兵相救，因為懼怕前秦強大攻勢；好在襄陽城經濟發達，糧食儲備豐富。全城百姓也害怕，若遭胡人攻破會被屠殺；在朱序帶領下，團結一致地奮力死守整整一年，前秦無法攻下襄陽。

苻堅覺得，攻打襄陽，日費萬金，卻遲遲攻打不下，就對攻打襄陽的苻丕定下期限，並說：「如果攻打不下來，就自裁謝罪。」苻丕只好想盡辦法，他的主簿王施祭出了佯裝緩攻、等朱序放鬆後再伺機大舉進攻的策略。這時，襄陽城督護李伯護想投降前秦，他向苻丕通風報信，表示願做內應。

東晉太元四年二月，苻丕精銳部隊以措手不及的方式殺回襄陽，在李伯護父子接應下，朱序死守襄陽城一年以後終於被攻破。然而，前秦皇帝苻堅認為朱序能夠守節，便拜朱序做了度支尚書，掌管財政收支；反而認為李伯護是不忠之人，便將之處死。

再次分張徒眾

東晉太元三年（西元三七八年），道安六十七歲。道安得到了前秦攻打襄陽的消息，便與僧眾開會商議；許多弟子認為道安法師應該先離開襄陽，走避他方，沿江南下或下江東都可以。

守將朱序聽到消息後，前來勸阻說：「前秦十幾萬大軍，為了得到法師而攻打襄陽，兵荒馬亂、很不安全；萬一碰到危險，在下如何向朝廷及襄陽百姓交代？」朱序便以守護道安法師安全為由，將僧團僧眾千餘人接到襄陽內城，派專人守護，形同軟禁。

道安心裡早已不為所動，內心反而計畫著，這麼多徒弟跟著修行，如今又遇戰亂；如何能躲避戰亂，並且能將佛法遍撒出去？他計畫著再一次分張徒眾。此時，道安僧團已非昔日在新野分張徒眾那樣的人數了；現在千餘人的僧團，應該能將佛法傳播得更遠、更宏大，以利益眾生。

經過周全思考，道安法師開始交代分遣徒眾的計畫。「古人重離，必有贈還；千金之遺，孰不敬言。」古人生離死別，難得再重逢；故贈以臨別之言，讓遠方弘法有所依據。道安法師分派時的贈言，在徒眾心裡有如千金之重，哪個不珍惜呢？這次分張徒眾有曇徽、法遇、慧遠、慧持等人，各領僧眾數十人，分派各地，建立道場。

曇徽是道安最早的弟子，是僧團的大師兄，十二歲即跟著道安出家，早在道安去拜師佛圖澄之前就跟著道安法師。自幼薰修佛法的曇徽，除了純真自在以外，更是天資聰穎、精通佛法，也通達儒家經史等外學，還未成年就能講經說法，跟著道安法師四十餘年。這次道安法師派遣他南下荊州上明寺，弘法修行。

曇徽在上明寺講經說法非常受四眾弟子歡迎。曾經畫出道安法師聖像，對於佛法有疑慮時，他便點燃薰香，禮拜道安法師，祈請道安法師遙相加持，讓他能通達法義，說法明白。當時荊州信眾也紛紛效法，生起對道安的敬意，經常口稱「印手菩薩」遙向法師致敬。曇徽著有〈立本論〉九篇、〈六識旨歸〉十二首流傳於世，至七十三歲時正念而終。

法遇也是好學之人，年輕時熟讀儒學等各家典籍，有著晉人的灑脫性格，恃才傲物、經常旁若無人。後來遇見道安法師深談之後，對法師佩服得五體投地，於是發心出家學佛，投入道安法師座下修行，同時一改放浪性格，成為謙恭有德的高僧。與義陽太守阮保時常通信往來，太守對他敬慕不已，成為很好的朋友。這次襄陽戰亂，道安法師便囑咐法遇：「你的曇翼師兄在江陵長沙寺擔任住持，你可前往協助弘法。」

曇翼本跟隨著道安法師在襄陽檀溪寺修行。長沙太守滕含，發心將他江陵的住宅布施建寺，並拜訪道安法師，希望推薦其門下得力弟子前去統領寺中事務；道安法師考慮之後，便派任曇翼前往江陵擔任住持。曇翼十六歲跟隨道安法師出家，以持戒嚴謹著名，精讀經律論三藏，寺中僧眾對他都非常敬重。道安考慮他通曉三藏，完全能勝任弘法重責，於是對他說：「荊楚地區的信眾在江陵建寺，希望派遣法師前去弘法；出家人以弘法度生為己任，這事除了你又有誰能勝任呢？」

曇翼受到道安法師的激勵，以荷擔如來家業的心情來到江陵，建立了長沙寺，主持弘法事業。當苻丕攻打漢水以南的時候，他曾一度避難在荊州上明寺（大師兄曇徽駐錫的道場），其餘時間一直住持長沙寺，直到世壽八十二歲。在襄陽戰亂期間，道安僧團的沙門多所投靠，受到曇翼的照顧。

道安法師細心規畫地分遣徒眾，並對弟子一一叮囑，交代注意事項，讓徒弟們弘法得到更明確的指導。慧遠法師志向高遠，弘法志業堅定，年輕時便被道安法師指派講經說法，道安法師曾讚歎：「佛法大道要在中土廣為流傳，大概就要靠慧遠了！」到了分派慧遠、慧持兄弟弘法之時，卻沒對慧遠叮囑什麼；慧遠對師父的默然著急起來，請問師父：「我不配領受嗎？」道安法師反而笑了起來：「像你這樣的弟子，我有什麼好擔心呢？」

慧遠與其弟慧持，帶領數十師兄弟一路南下。他們先前往荊州上明寺，後來又打算到羅浮山建立道場。當他們走過潯陽之後，發現江南廬山的環境相當清淨，非常適合修行；於是，他們在廬山尋找弘法建寺之地。後來得到了西林寺慧永法師幫助，並且邀請當地刺史桓伊支持，於廬山東面建立了東林寺。

慧遠威儀莊嚴，以東林寺為弘法道場，專精修行。數十年來，從不出山入俗，反而吸引許多名士權貴前來廬山請益；即便送客之時，慧遠送客也不過虎溪。如此精持修行，並依照道安法師所教，弘揚大乘般若學。後來創立了淨土宗，成為一代佛教宗師，成就不在師父道安之下。

道安法師分派徒眾圓滿之後，他很快就繼續勤奮不懈地繼續整理佛經工作。在襄陽城被圍困艱難時期，也沒有影響到道安法師弘法，堅持著用功註解佛經。東晉太元四年三月，苻丕攻陷了襄陽城，襄陽的將領名士全被俘虜。前秦國主苻堅為了邀請聖人道安法師入秦輔政，而發起這場戰事，當然將這些名士智者一併送往國都關中長安（今陝西西安）。

至此，道安法師在襄陽十五年弘法之後，又回到了北方大地。

第五章　長安五重寺弘化

安既篤好經典，志在宣法。所請外國沙門僧伽提婆曇摩難提及僧伽跋澄等，譯出眾經百餘萬言，常與沙門法和詮定音字、詳覈文旨，新出眾經於是獲正。

前秦建元十五到二十一年（西元三七九至三八五年），道安法師六十八歲至七十四歲，人生的最後一段時間，在長安五重寺度過，直至往生。

欲成大事必須眾人傾心，登高一呼大眾擁護。道安法師在長安期間，寺中僧眾達數千人，眾志成城，完成多項佛教志業；他儼然北方佛教領袖，感化僧俗四眾，成就佛教氣象萬千。包括出家眾統一為釋姓、制定僧尼規範、團結教界、莊嚴僧團，奠定中國佛教之大基；其中又以翻譯、整理經典為弘法事業主軸，起譯經傳世之影響。

前秦苻堅尊道安國師地位，以聖人之禮對待，大力支持。正所謂：「苻堅詔召天下寺，譯經弘業盡歸一；彌天道安為依止，胡漢高僧不容辭。」（慈濟大愛電視臺歌仔戲唱詞《高僧傳‧道安‧第二十三集》）。道安深知，要讓佛教千秋萬世住持，利益眾生，定要將經典整理到最正確。在當時佛教經籍仍有所不足的情況下，道安致力於佛教經典弘傳，感召中土高僧及梵僧雲集而來，於戰亂中共同護持佛教大業。譯經事業得到了苻堅大力支持，人數、規模遠勝於各寺廟自譯經典數倍，此舉為國家支持佛教譯經事業之始。

道安法師最終在長安鞠躬盡瘁，奉獻自己身心，盡力完成佛教事業，成就大眾法身慧命，於五重寺往生嚮往的「彌勒天宮兜率淨土」，為後世留千古榜樣。

駐錫長安五重寺

前秦建元十五年（西元三七九年，東晉太元四年），前秦圍攻一年，終於攻下襄陽。前秦國主苻堅對僕射權翼說：「朕以十萬之師取襄陽，唯得一人半。」苻堅又解釋：「一人是道安法師，半人是習鑿齒。」他最想獲得聖人道安法師輔佐，對習鑿齒也非常仰慕，所以稱他們為最想獲得之人才。習鑿齒後來因疾返回襄陽，道安法師則自此在長安居住下來，直到往生。

苻堅為了迎請道安法師，下令重修長安五重寺，隆重請他入住，作為弘揚佛法道場。五重寺又名五級寺；在僧傳中，五重、五級說法並存互用，如沙門慧皎撰〈晉長安五級寺釋道安〉，亦有「住長安五重寺」之說，可能是因為當時寺內建有一座五重寶塔而得名。寺院宏偉壯觀，院落幅員廣大，遠勝於襄陽時住持的檀溪寺，唐、宋以後又稱為道安院、道安寺。道安便在此度過弘法的餘生。

五重寺很快成為北方弘揚佛法中心，遠近沙門紛紛前來拜師求道，道安法師僧團人數甚至達到數千，聲勢遠勝於襄陽之時的千餘僧人。道安法師一如往常，整理佛典，維持以前襄陽每年開講兩次《放光般若經》慣例，並將在襄陽研讀大乘般若學的成果帶回了北方，促使大乘般若學產生南北交流。

道安法師在五重寺開壇說法，信眾對佛法生起信心，請求剃度出家者不計其數。在弟子之中，有一位名為僧富，因為聽經而生起出離心。僧富是高陽人，幼時窮困買不起蠟燭；為了閱讀，平常藉砍柴點火勤奮讀書。前秦將領楊邕看到他這麼用功，便資助他讀書；連習鑿齒也對僧富很賞識，曾指導僧富做學問。

因為這個因緣，後來這位資助僧富的楊邕將軍，在淝水之戰苻堅大敗後，便生起了出家之念，投入道安門下出家。不久後道安去世，楊邕為了追隨高僧，改從師學於廬山慧遠法師。慧遠、楊邕算起來是同門師兄弟；但楊邕是初學，便追隨慧遠法師學習，效力於慧遠門下。當西域高僧鳩摩羅什入關之後，楊邕多次為慧遠與鳩摩羅什傳送信件。

道安法師最常講《放光般若經》，多年來堅持不懈，所以弟子能多次聽聞此經，道立法師就是因而精通此經者之一。在《新修科分六學僧傳》中記載，道立小時候即跟隨道安法師出家；多年薰修後，也擅長講《放光般若經》，其內心清淨、容易開悟。他還擅長用《莊子》及《老子》思想來疏通講授經典，常能體悟別人所不能體會的部分。

道立天生喜好幽靜，不樂世俗憒鬧，一心求道。後來跟隨著道安法師到長安，因心性喜於清淨、好禪坐，之後便到覆舟山隱居修行，獨立生活在山林巖壑之中，與自然共生，沒有接受信眾供養。道立禪坐功夫極深，經常一坐十日以上，這種甚深功夫只有少數人能達到。

某一年夏天，道立又回到寺中，並召集大眾，說自己想為僧眾開講《大品般若經》。僧眾覺得奇怪，他一向喜好坐禪，為何突然想講經呢？道立回答：「我壽命最多活到今年秋天，所以要將此生所修精華分享給大家。」果然，秋天時他無疾而終了。

這預知時至功夫，乃是深厚行門所得。道立對大乘般若學功夫體驗，是其修學精華，最終如願地將其實證般若學貢獻於世。緣於道安遍撒般若法種，讓僧眾得解脫之惠。

道安法師入住五重寺，依然致力弘法事業，專心研讀佛經、註解佛經、研究戒律，教導弟子持戒；將所體會之佛法妙理，應用於弘法開解上。他飽學詩書，也能妙筆生花，讓前來求教的人都能獲得滿意解答。不只在佛學上，在世間學問上，也都能令求法者法喜充滿。

成為北方學問領袖

信眾們皆知道安法師博學多聞，請教的問題五花八門，連詩賦文章、文字考古等疑難問題都有。

有一次，在藍田縣出土了一尊大鼎，容量足足有二十七斛，在鼎邊刻了很多篆書銘文；當時長安城很多人前往觀看，但沒有人看得懂。圍觀者有人出主意說：「道安法師見多識廣，我們將這個鼎抬去給他看看吧！或許也可以將這個鼎上的銘文拓片，帶去五重寺請教道安法師。」

道安法師仔細考察銘文後，拿出了筆墨硯，將鐘鼎上的古篆文用隸書書寫出來，當下所有人就看懂了；原來，這個鼎是春秋時代魯襄公時代所鑄造。一般鐘鼎銘文會記載致贈禮器之做器者是何人、受賞賜之受器者是何人、賜贈鐘鼎禮器之事件緣由等，所以道安法師一看便知道，這座大鼎是春秋魯襄公時代的禮器。

當眾人讀懂之後，對道安法師心悅誠服，非常贊歎。道安法師是公元四世紀人，魯襄公是公元前六世紀人，相差近一千年，竟能將鐘鼎古篆文解讀出來。當時春秋各國文字皆不同，變化很大，只有秦國與西周的文字可以相通；道安法師能識別內容，證明其金石學功底非常深厚。

又有人拿了一個銅斛在市集上出售。銅斛非常特別，正面是圓形，下面是斗形，上面還有一個橫梁，高的一端是升形，低的一端是合形，橫梁的另一頭是一個龠形，上頭也刻有銘文。苻堅看到這個銅斛感到很新鮮，便向道安法師請教這是什麼？道安法師回答：「這是王莽托古改制的度量容器，自大舜時代就有。王莽是仿照它的形式，頒布天下做為統一的度量衡器。」

苻堅見到的銅斛，是公元九年王莽改制的銅斛，稱為「新莽銅嘉量」，又稱為「劉歆銅斛」，是王莽委派國師劉歆設計。王莽早於道安時代約三、四百年，一般人早不識得此物了。道安法師一看便知道銅斛來歷，因為銅斛上的銘文詳細記錄著銅斛由來。法師讀懂銘文意思、認得這個器具，再次顯示道安法師的博學識器功底。

道安法師的學問道德，受到教界及廣大學士名流由衷敬佩。所以苻堅下了一道敕令：「廣大學士，無論是佛學或者是外學，如果遇到了疑問難以釐清，要到五重寺向道安法師求教。」當時京城長安便流傳這樣的話：「做學問如果不拜道安為師，對義理就體會不精準。」自從苻堅下了這道敕令後，道安法師儼然成為北方學問領袖。

一統釋姓，推動譯經，整飭戒律

道安法師在長安城五重寺期間，推動了很多影響佛門後世的重大事務。首先，他主張佛門出家眾弟子應統一為「釋」姓：「佛以釋迦為氏；今為佛子者，宜從佛之氏，即姓釋。」自此成為中國佛教出家眾遵行的通例。

他並且主持譯經道場志業，招攬譯經人才，將佛教界的梵僧或者是本土的高僧招攬到長安，一起成就譯經道場事業，大量佛經在他的主持下翻譯出來。道安法師一如往常，為譯出之佛經寫序；透過這些序言，我們可以了解到翻譯過程，以及道安法師對這些佛經的推崇評價。

翻譯佛經牽涉到中國跟印度兩方的語言文字習慣。佛經翻譯講究「信達雅」：「信」保持可信的原義，一定要翻譯正確；「達」翻譯要通順暢達，義理傳遞到位；「雅」文詞優雅簡潔，尊崇古雅，引領到解意悟真的妙境。這是很難掌握的準則，所以討論翻譯佛經的原理成為很重要的工作，不停地討論推敲、一再修改，才能將經典譯得恰到好處。

於是，道安糾舉出對譯的翻譯難題為「五失本，三不易」。「五失本」之大意為：一、漢語文法結構與原文不同；二、漢語的修飾較原文為多；三、漢譯多略去原文之重複語句；四、漢譯多略去原文夾註引起混淆之處；五、漢譯多略去原文兩事承接處的重複文句。「三不易」則要求譯文傳達的旨趣能適應不同時代、國家習俗和民眾需要，而又不失佛法的本意。

也因為注意到翻譯佛經時文字保留直譯與意譯之間的翻譯原則，掌握了文字對譯間的疑難雜症，翻譯佛經也因此成為道安法師在長安五重寺最顯著的弘法項目。

透過翻譯，也將許多戒律內容做了詮釋，並且通過誦戒持律的梵僧沙門協助，將當時中土不完備的戒律內容建立概括行法。既然僧團有了戒律規範依據，道安法師便在此中整飭僧團，令依戒律而行，並且制定適合中國僧團的行事儀軌，令僧眾依照行持。諸多細節內容，將於本書第二部分「對佛教的創制與貢獻」再說明。

禮拜佛圖澄墓，至金輿谷會法友

前秦建元十八年（西元三八二年，東晉太元七年），道安已七十一歲了，感受到身體日益衰老；又因他夜以繼日地主持譯經道場，身體大不如前。他想起年輕時，在後趙國都鄴城跟隨大和尚佛圖澄學法的歲月，於是興起了再一次前往鄴都祭拜大和尚佛圖澄的想法。此時距當年逃離鄴都已有二十三年的時間。

同年八月，道安法師踏上了祭拜師父的路程，從陝西長安出發，中間經過了山西省，走到河北的鄴城，更遠及山東拜會法友；這趟橫跨四個省的遠行，是道安法師對師父獻上至深敬意與感念之旅。其實，鄴城也離道安法師的老家扶柳很近，因此也是一趟重回故土之旅。

道安法師親教師佛圖澄，真正能為法忘軀。當時中土戰爭頻仍，一般人爭相逃難、避之唯恐不及，高僧仍然不畏艱難，來到中土弘揚佛法；並且順應時勢度化君主，藉由君主的風行草偃，才能令更多眾生在君王護持佛教下，得到佛法庇蔭，趨於解脫離苦。道安重視戒律的精神也源於佛圖澄之啟發；當時依師學戒、依師得法，故更尊師。在道安創建僧團制度時，體會戒律對僧團的重要，必以持戒作為行持教化，也是師承佛圖澄。

基於對師恩感懷及故地法遊之心，道安法師安排好了譯經工作，便踏上旅程，前往鄴都，朝禮佛圖澄塔墓。同行法伴之中，以法和法師最為著名。其年輕時被道安派往蜀地弘法，頗有成就；聽說道安被苻堅移駕長安，法和也追隨來到長安，並隨道安一起踏上禮師之途。

道安並到泰山金輿谷（今山東省泰安市泰山區泰山西北）拜會老友。山東之行主要是拜會同門師兄弟竺僧朗，道安眾等已經三十多年沒有與竺僧朗見過面。竺僧朗自幼出家，師學佛圖澄，俗姓李，京兆（即長安）人；長安正是道安弘法之地，訪謁竺僧朗可謂故友故鄉來、傳遞故鄉事。

竺僧朗博通佛經，年輕時也曾在故鄉關中開講《放光般若經》。竺僧朗有些神通。某次，他與寺中幾位法師外出，半路上他突然告訴同伴：「寺中有人要偷竊你們的衣物」。眾人一聽立刻趕回寺裡，因及時趕回而避免了損失。他經常能預知一些事情，讓僧眾都很敬佩。

又據《高僧傳》記載，凡是來拜訪竺僧朗法師的人數，他都能於一日前預知，並且吩咐弟子準備相應人數的齋菜。眾人莫不讚歎他的預知能力！

佛教早期流行禪觀念佛；自從佛教傳入以來，安世高等人翻譯都是以禪經為主。修禪定者其心安住於定心功夫，在戰亂年代更能安定人心、解脫離苦；以「見十方佛現前」之禪觀三昧特別受到推崇，為當時北方主要修行法門。神通力的基礎為禪定力，需要寂靜才能感受到外境的變化；竺僧朗能夠預知將要發生的事情，便是三昧力成就所發，亦師承佛圖澄之神通教化。

竺僧朗在前秦苻健皇始元年（西元三五一年），與沙門僧湛、僧意來到泰山（今山東省泰安市），在泰山西北方的金輿谷崑崙山建立寺院。金輿谷地處偏僻，有猛虎為患，行人都要成群結隊通過；即使是白天，也一定要帶著棍子以保安全。自從竺僧朗來到這裡建寺，猛虎就不曾出來作亂，只在夜間與清晨偶爾出沒。當地百姓感恩竺僧朗威德，從此金輿谷也叫「朗公谷」，在此建立朗公寺，朗公谷之稱沿用至今。之後，慕名而來的人越來越多，寺廟一直擴建，成為宏偉壯麗的大寺，來寺拜師修行者多達百餘人。

前秦國王苻堅也聽聞竺僧朗的名聲，對他極為仰慕。苻堅認為「道揚聖君，則四海歸德」，於是派遣使者帶著禮物到金輿谷，希望能邀請竺僧朗前往長安。苻堅贈送了數斤珍貴的紫金，要讓他鑲金鍍佛；另外贈送了綾絹三十匹、奴僕三人。竺僧朗收下禮物，但沒有應邀到長安，以自已老病不能前往為由辭謝。苻堅還是經常派遣使者致書給竺僧朗，並持續布施供養。

後來，苻堅曾經整頓中土僧侶，淘汰不守戒律的偽濫僧尼；在這過程中，他下了道詔書說：「僧朗法師戒德高潔，弟子戒行清淨，崑崙山不在搜查之列。」以此表示對竺僧朗的敬重。

各國的君王也紛紛遣使拜會，尤其南燕主慕容德，曾經授與竺僧朗「東齊王」的封號，並且將奉高（今山東省泰安東部）、山茌（今山東長青東南）這兩縣的稅租送給僧朗法師，希望僧朗法師神威護佑他。僧朗的回覆信函收於《廣弘明集》：

僧朗頓首。陛下龍飛統御百國，天地融溢皇澤載賴。善達高鑒惠濟黔首，蕩平之期何憂不一。陛下信向三寶，恩旨殊隆；貧道習定味靜深山，豈臨此位。且領民戶興造靈剎，所崇像福，冥報有歸。僧朗頓首、頓首。

僧朗的意思是，他深居深山裡，「東齊王」這個封號不是他一介出家人能接受的。不過，陛下賞賜兩個縣的租稅則可以收下，全部用來建造寺院、佛像，其功德福報自然還是歸於陛下。這樣的回覆，可讓慕容德感到滿意，又不會屈從於帝王的意志之下。

繼前秦苻堅、南燕慕容德之後，又有東晉孝武帝司馬曜、後燕慕容垂、後秦姚興、北魏道武帝拓跋珪等，前後六位君主都遣使致書僧朗，贈送厚禮，希望邀請竺僧朗前往其都城弘揚佛法；竺僧朗都只收禮物，而婉言謝絕邀請。像僧朗這般獲得六位不同政權之帝王崇仰、賞識的高僧，在中國佛教史上亦屬鳳毛麟角。

這次道安法師、法和法師拜訪竺僧朗，他們千里而行，到達山東泰山。附近飛流疊瀑、蒼柏滿山，切合人意，更能體會腳下力行，以正念專程而來，非由旅遊興致。一行人與自然相融合，身心安定，神清氣爽，自與道和，能發種種道跡。

道安一行人走到山門口時，早有一些小沙彌等待迎接。一行人覺得奇怪，並未事先通知，竟然有人列隊歡迎？小沙彌說：「法師不用驚訝！一早我們師父就說：『有一些故舊要來拜訪，吩咐要準備齋菜，說你們是長安遠道而來。』」道安一行人不禁讚歎，竺僧朗竟然有當年大和尚的神通風采。這幾位三十餘年未曾見面的師兄弟，為法奔波、各弘一方，感慨萬分；晚年逢知己，不免敘談一番。

一行人又相邀登山。登上金輿谷的高聳處時，險象環生。此山頂極為險峻，凡人看此山頂遙不可及，猶如佛的境界；感受深刻，不免要討論起生死問題：眾生因為無明輪迴於六道，如果還沒達到成聖果位，就難免還會墮入輪迴。

法和對此感嘆：「在這個險山峻嶺的地方，曾經有多少人來此登山遊歷，一旦無常到來，就連自已輪迴的去處都不知曉。」法和藉此山高峻，暗喻前秦險峻，提醒道安法師注意安全。道安則接著說：「我們都是堂堂僧眾，對佛法具有信心，必有往生的定處，何需為下一世擔憂呢？如果對真理慧心不明，才是可悲！」

這次金輿谷師兄弟聚首，雖然已年老體衰，但是流露出對佛法修行正見，閃耀著慧光明志；能保持著正念修行，何需執著生死！由此可窺見高僧修行之豁達明朗。

勸諫苻堅

苻堅的前秦帝國在永興元年（西元三五七年，東晉升平元年）建立以來，經過二十幾年的積極經營，逐漸強大，勵精圖治，將北方胡族的政權一一併吞，前燕、前涼等都納入自己的政權之下。前秦版圖當時已經東跨到滄海，西併到龜茲國，北方統管大漠，南方已到襄陽；這樣遼闊的領土，算是統一了北方的大地。

想要統一天下，現在只差南方東晉一隅還沒收復。苻堅經常在想著統一天下，讓整個政權完整，所以內心不時懷抱統一天下的願望。他經常在說：「朕要一揮鐵騎，踏平江東，東晉版圖收納到朕的國土下，東晉孝武帝給朕當僕射，宰相謝安給朕當侍中。」

這些話傳到了鮮卑後燕慕容垂、羌族後秦姚萇的耳裡；他們都是先後被苻堅所征服的外族，當然對苻堅懷有二心，希望尋機再起戰事，或能削弱苻堅勢力。所以，他們兩人都希望苻堅揮兵南下平定江東，並且勸言苻堅統一天下，就能封禪泰山，建立永久帝業。

自從建元十九年（西元三八三年）攻下襄陽以來已經四年，期間受到慕容垂、姚萇的勸說，已經按捺不住出兵征討江東的念頭；他個人也覺得時機成熟，便想發起討伐東晉的行動。

苻堅提出要攻打東晉的想法之後，朝臣之中除了慕容垂、姚萇、還有祕書監朱彤等這些阿諛奉承的少數幾位佞臣贊成之外，大多數的朝臣都是持反對意見。苻堅見群臣大都不贊同，於是退朝停議。

諸位大臣見到苻堅一心伐晉，就去向道安法師求助：「王主想出兵攻打東晉，眾臣齊勸，但主上不聽。法師可否為天下蒼生進行勸諫？」道安法師覺得此事攸關百姓安危，於是答應了眾大臣請求，說會找時機勸說苻堅休戰。

某一天，苻堅想出遊東苑，希望道安法師能同車共遊。尚書左僕射（為宰相官階）權翼見到苻堅此舉，馬上勸阻：「陛下，微臣聽聞，天子出遊應該由侍中陪同乘車，這樣才合儀度。像道安法師這般出家毀形之人，與陛下同車恐怕不妥。」權翼抱著傳統禮儀觀，出家剃度的沙門在他眼裡是毀形之人，所以認為苻堅邀請道安同車共乘有損威儀。權翼哪裡知道，苻堅認為道安法師是佛家聖人，學兼內外，道德、文章並濟，奉若神明，深深禮敬；聽到權翼如此毀損心中的聖僧，不覺大怒地訓斥：「道安法師道德隆盛，朕用天下之兵也換取不來；與朕同車乘這點小小的尊重，根本還不足以表彰他的德行。」於是下令權翼親自攙扶道安乘車。

車隊出發不久，苻堅希望獲得道安法師支持攻打東晉，便向道安法師說：「朕打算跟大師您一起南遊吳、越之地，到時候我們整頓討伐大軍，一起巡狩江東，去會稽一帶觀賞滄海勝景，這樣不是很快樂的事嗎？」苻堅提及此事，自是想得到道安法師支持，用來堵塞朝臣們反對伐晉之口。

道安正好藉此機會勸諫，所以語詞很有分寸地說：「陛下領受天命，君臨華夏，治理百姓，讓他們逍遙順時，大業興隆，可以與堯舜之風相比擬。陛下既擁有八州之富，應該神棲於無為之境，端坐拱手治理天下，何必以百萬之師勞身馳騁於戰場，櫛風沐雨，蒙受戰事之苦？況且，東南區區之地，地氣障癘；

過去虞舜遊此地不返，大禹治水而不得歸，秦皇一去而不得回，哪裡值得勞動聖駕而困蒼生，去爭此下劣之地？以貧僧看來，反對南攻東晉，不是我道安一人愚心所見。平陽公苻融是您的親人，石越是您的重臣，聽說他們也是認為不可以伐東晉，都還不能打動您；貧僧人微言輕，所言亦未必公允；但貧僧一向受到陛下厚遇，只能略盡丹心與誠意吧！」

苻堅回答：「朕要進攻東晉，不是因為疆土不夠廣、人民不夠多，只是想簡擇於天心，替天行道，明大運之所在罷了！過去的帝王巡狩四方，尚有典籍記錄；江東既然不肯歸順，朕與兵前去巡狩有何不可呢？」

道安眼見勸不住，便想了一個緩兵之計：「您如果一定要出征，可以先將軍隊結集到洛陽，以示君威；並且發出征討東晉的檄文，讓東晉王朝能夠改順歸來。如果東晉不聽從，那再進攻也不遲。」但是苻堅聽不進去，仍發動淝水之戰。

淝水之戰（淝水，今安徽省淮南市壽縣東南方）是十六國時期最大的戰役，也是中國十大戰役之一，決定了南北朝對立的局面。淝水之戰後，前秦元氣大傷，苻堅於前秦建元二十一年（西元三八五年）被羌族姚萇所殺，攻陷長安；前秦的國土瓦解，各族紛紛獨立，中國北方短暫統一後又陷入分裂混亂的局面，先後成立了十個國家，直到西元四三九年北魏才再度統一北方。

道安法師感覺前秦的命運將終了，自己的陽壽也差不多了，但仍在五重寺主持翻譯佛經，許多譯經就在攻打長安的戰鼓聲中完成。

在道安法師臨終前數日，有一位叫王嘉的隱士前來拜訪。此人不拘小節，行貌醜陋，衣著簡單，但眼光炯炯有神，閃爍智慧之光。此客到來，法師令弟子奉茶，對王嘉禮敬有加。王嘉是前秦有名的神通方士，以預知神通能力為人所知。

王嘉在道安法師圓寂前幾天去拜訪他，應是心有所感的。在長安這個地方，能夠跟王嘉感應玄機的人，大概只有道安法師吧！當王嘉來拜訪道安法師時，道安便向王嘉說：「前秦的氣數將盡，長安即將陷落，你我是否一同往生他方？」王嘉自然了解道安法師弦外之音，但自知宿業未了，便向道安法師說：「法師您可先行一步，我尚有小債未了，不得同去。」後來，王嘉便因故被後秦姚萇所殺。

道安法師在同年二月八日，預感自己將入滅，便召集徒眾說：「吾當去矣，汝等當奉持佛法，自行檢束。」道安說完便齋戒沐浴，面向西北端坐，口稱彌勒菩薩聖號；他身心愉悅，面露微笑，以極強的信心往生彌勒淨土，享年七十又四歲。

道安法師在生命的盡頭，仍然在為佛法事業做最後努力，於戰士鼓聲中為翻譯經典做心血校正，並作譯經之序文；孜孜不倦的弘法精神，令人感動。而能如願往生彌勒淨土，則是道安法師心中甚為欣慰之事。

往生彌勒淨土

在娑婆世界，彌勒尊佛是釋迦牟尼佛後的下一位佛教教主。彌勒信仰在南傳上座部佛教、漢傳佛教都有記載；尤其在漢傳佛教中，關於彌勒菩薩的經本更多。

彌勒信仰流行的原因，首先主要是，彌勒菩薩未來成佛降臨娑婆世界時，是一個很殊勝的世界。在彌勒佛的教化下，成就阿羅漢的人非常多，第一會度九十六億人；第二會度九十四億；第三會度九十二億。當時的修行較為輕鬆，因人類的壽命有八萬四千歲，福報非常具足；因此，人們都很羨慕彌勒佛為教主的世間，希望自己未來世能跟著彌勒佛修行成道。

第二個原因，佛弟子在未成佛道以前，希望都能值遇佛菩薩說法；菩薩都還要跟隨佛聽法，凡夫更要追隨。因此，釋迦牟尼佛涅槃後，弟子便發願上生兜率天宮彌勒內院，跟隨著彌勒菩薩修行。畢竟，彌勒菩薩在降臨人間之前居住的兜率天宮屬於六欲天，對於娑婆世界算是比較近的天界，容易上生。欲界六天之第四天為兜率天，此天有內外二院，內院是彌勒菩薩補處大士的住處，所以也叫做彌勒淨土。弟子修行彌勒法門後得以往生兜率淨土，就一直在彌勒內院修行，至彌勒菩薩下生成佛，一起降生成道。

道安法師虔誠信仰彌勒淨土，他在臨終時口誦彌勒菩薩聖號求生兜率天，親覲彌勒菩薩。在中國佛教裡，彌勒信仰在道安法師之前早就流行，從東漢譯出《道行般若經》以及兩漢時期陸續翻譯出《放光般若經》、《摩訶般若經》、《維摩經》等，之後又有《增一阿含經·十不善品》及多部譯經，都有彌勒信仰的內容。道安法師對這些經典，都是傾力修習，所以彌勒信仰早就深植內心。又如西晉竺法護所譯的彌勒經典《彌勒成佛經》、《彌勒菩薩本願經》、《彌勒下生經》，均是在道安之前便已流傳，故道安時代是以彌勒信仰為主。

當道安法師還在襄陽的時候，前秦苻堅傾慕他的名聲，從長安派人送佛像到襄陽檀溪寺給他，裡面就有一尊「結珠彌勒佛像」，就是因為道安法師的彌勒信仰，特別送給他虔誠供養。在襄陽時，道安法師就曾經與僧輔、法遇、曇戒等八人，發願誓生兜率彌勒淨土。

綜觀彌勒修行的法門，是以皈依、禮敬、懺悔、持諸淨戒、受八關齋戒、修諸淨業、修諸功德、供養、行諸三昧、繫念、稱念彌勒聖號、禮拜彌勒佛像、念誦彌勒經文、發願往生彌勒淨土、塑繪彌勒佛像等為修行功課。

彌勒信仰者，如果遇到無法解決的問題，會向彌勒菩薩祈求解答，在經典裡面也有記載向彌勒菩薩請法之事。例如，大論師德光，曾憑藉著天軍羅漢的神通力，上升到兜率天宮面見彌勒菩薩，獲得解答疑惑。提婆向某羅漢求法時，羅漢無法回答，便暗藉神通力，往兜率天宮請教彌勒菩薩，頃刻間又回來答覆提婆問題。無著論師在晚上經由禪定，到兜率天宮聽聞彌勒菩薩傳授《瑜伽師地論》、《大乘莊嚴經論》、《中邊分別論》等，白天便記錄下來。

向彌勒菩薩祈求解答佛法，對道安法師頗為需要。因為他長期研讀、註釋佛經的過程中，會碰到很多疑難問題，無人可問。道安法師也曾經祈求大和尚佛圖澄，來為他解答問題。道安法師在註釋佛經時，心裡有疑慮，怕會不合法義，但又不知有何方法能助其決疑，便發願說：「如果我的解釋是合理的，希望讓我見到瑞相，以便印證。」

在發願見瑞相不久後，有一天晚上，他夢見了一位外國沙門，白髮長眉，對道安法師說：「你所註釋的佛經都很符合法義。我現在還不能入涅槃，在西域弘揚佛法；如果你能設食供養，則有助於我弘法。」這是祥瑞的夢境，印證道安法師註經符合法義，令他非常感動，即讓弟子設案供養食物予此梵僧，但他還不知道這位梵僧是何人。直到後來《十誦律》傳入中土，慧遠法師才得知，師父道安所夢見的梵僧是賓頭盧頗羅墮（或簡稱賓頭盧）尊者。

賓頭盧尊者是佛陀十六大阿羅漢弟子之一，擅於神通。尊者有一次為了取得一隻懸在半空中的鉢，而顯現神通飛上去取鉢；佛陀責怪他妄顯神通，便不准他入涅槃，令他常住人間，讓世人供養，以修福德。自從道安法師開啟供養之後，中土便延續設食案供養長眉羅漢賓頭盧頗羅墮尊者之傳統。

道安法師發願以獲得瑞相來決疑註經的做法，也是只能偶爾為之，並非長久之計。在盛行彌勒信仰的那個時代，彌勒菩薩才是他真正的信仰皈依，當然能向彌勒菩薩當面請教才是根本之道。所以求願往生彌勒淨土的願心愈加強烈。

在前秦建元二十一年（西元三八五年）正月二十七日，有一位長相奇特的沙門來五重寺投宿，當時禪房已無空位，知客師只好安排他在講堂暫住。夜晚，在大殿守職的執事僧，看到了這位投宿的沙門竟然能從窗戶的縫隙間出入，便立刻向道安法師報告。道安法師得知以後，知道這不是一般僧人，便急忙前去禮敬。

這位沙門對前來的道安說：「我正是為了你而來。」道安法師一聽，知道沙門是來點化自己的，自己的生命應該已走到盡頭了；雖然一心求願往生彌勒淨土，但不知能否真正實現願望。道安法師覺得自己一生多舛、罪業深重，能真正得到解脫嗎？沙門回答說：「當然可以！你如果能為聖僧洗浴，一定可以實現願望。」說完後便向道安法師詳示了浴僧的方法。

道安法師向這位神僧請教了他衷心想釋疑的問題，就是自己往生的去處是哪裡？這位神僧便伸手指向天空的西北角，並用手在空中輕輕一撥，那個方位的雲霧立即散去，顯現出兜率天宮的神妙聖境，歷歷在目。這場殊勝的法事，當場有僧眾數十人都看到了天空的聖境瑞相，他們也都相信師父道安法師將往生彌勒淨土。

由於目睹聖境，大家歡喜雀躍；接著就是要依照這位神僧的咐囑，分頭籌備安排為聖僧洗浴之事。籌辦好洗浴的地方及用品，接著就是要奉請聖僧入浴。不久後，便看到數十位頗為特別的小孩子來到寺中玩耍，之後便向浴室的房間走去；法師們知道，這群小孩子應該是神僧所說的聖僧化身，這是瑞相的印證。道安法師心中更加安定自在，知道一定可以獲得解脫，實現往生彌勒淨土的深願。

洗浴聖僧之法，在後漢安息三藏安世高翻譯的《溫室洗浴眾僧經》已有記載，但未風行。這次藉由神僧前來告知，再透過道安法師流芳後世，興盛此儀軌，讓大眾植福，或可做為後世典範，與此修福之法。

孫綽（西元三一四至三七一年）是虔誠的佛教徒，與諸法師頗有交遊，善文筆，有〈名德沙門論〉、〈名德沙門題目〉、〈名德沙門贊〉、〈喻道論〉、

〈正像論〉等佛教論著，曾為兩晉多位僧人作過樹碑立傳，建構了當時的僧傳文學，頗具學術價值。他襲父爵為長樂侯，歷官太學博士、尚書郎，比道安法師早往生十四年。孫綽在〈名德沙門論〉讚歎道安法師：

自云：「釋道安博物多才，通經名理。」又為之贊曰：「物有廣贍，人固多宰；淵淵釋安，專能兼倍。飛聲汧隴，馳名淮海。形雖草化，猶若常在。」

孫綽文中讚歎道安法師博通萬物，具備多種才華，通達經教，了悟法理。又為道安法師作贊：「待人接物都具備廣大遠見，其意志堅定主持多項弘法事務；道安法師智深廣大，一心專研於法理，而能兼具諸般圓滿功德。其弘法慈音飛聲騰達，猶如泉水流溢潤澤十方，故德名馳騁於四海。獻身於胡漢蠻荒政權之中，忍辱負重，以哀憫悲苦眾生，使大眾親得法義，猶如在眼前耳提面命。」

開創中國佛教諸多制度的一代大師道安法師，最終在長安五重寺如願往生淨土。道安一生輾轉大江南北努力弘法，培育僧才、翻譯經典、弘揚般若、修習禪法、教育僧眾等，無怪乎鳩摩羅什大師稱讚道安法師是「東方聖人」！種種弘法事業精進不懈，盡其一生，遍撒種子，終究讓佛教在中國更加穩定茁壯、開花結果，弘傳佛法、廣度眾生。以此功德終得往生彌勒淨土，功圓果滿！

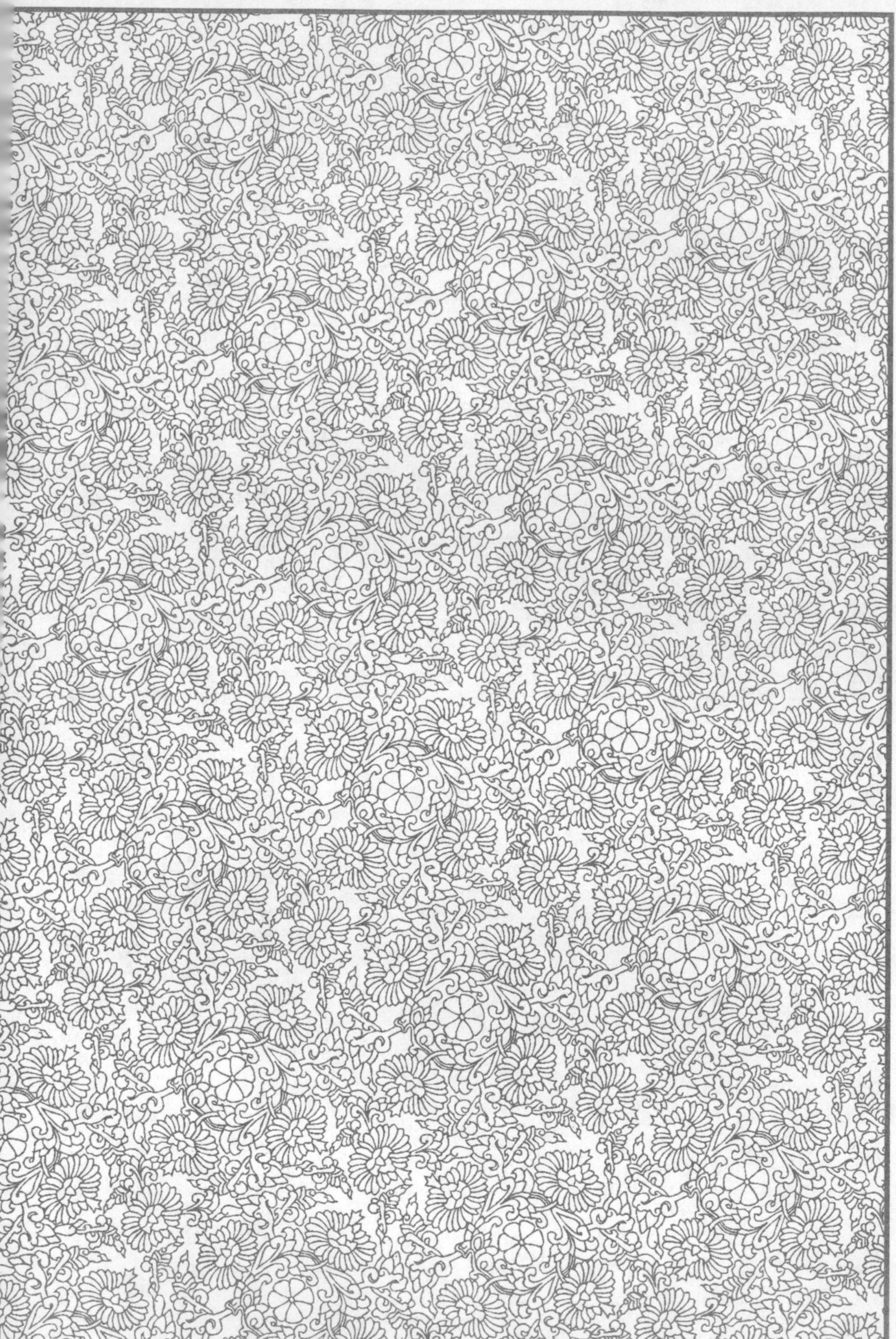

影
響

壹・道安的思想及著述

在家、出家莫不始戒以為基趾也。何者？雖檢形形，乃百行舟輿也，須臾不矜不莊，則傷戒之心入矣。傷戒之心入而後，欲求不入三惡道，未所前聞也，故如來舉為三藏之首也。

佛教於東漢明帝時傳入，佛學的真正確立則在兩晉時代。東晉佛法興隆的原因不出道安大師、鳩摩羅什大師、慧遠大師等先後住世弘法，奠定佛教根基；加上帝王輔佐、名士玄談，天下靡從，遂使佛教興隆。

兩晉時代，佛教迅速發展，佛學也從重視齋祀信仰轉而趨向義理了解；並由原來重視安息系統的禪學，轉向重視支婁迦讖系統的般若學。道安對禪學系統及般若學系統都儘量弘揚，在兩方面都有重要地位。無怪乎東晉孫綽於〈名德沙門論〉讚歎：「釋道安博物多才，通經名理。」

道安的佛學思想

道安法師時代佛經尚未充足，佛經翻譯條件不夠理想，中、印之間對應字詞隔閡、存在著語言障礙，還有戰亂不安定、對外來新思想解義不夠等因緣，翻譯出來的佛經其實不容易讀懂。如道安這般想要深究佛法義理的沙門，只能一邊學習、一邊試著探究其真正義理。

道安法師後來到襄陽，因為襄陽的環境相對安定，便又開始整理以前所註解的經文，並且將他們重新抄錄，贈送給僧眾，再講解給僧眾聽。因為開壇講課，來聽講的人越來越多，所以他又請人們將這些註解抄錄更多贈送給來求法的四眾弟子。道安法師的佛學思想漸漸地在襄陽、荊州及江東地區流傳，相當受歡迎，認為道安法師的註解比前人註解容易理解，佛學義理也非常契理契機，能解答四眾修法的疑問。

道安之著述

道安法師是一代佛學宗師，其著作凝聚了法師的心血，是思想的重要反映，透過著作可以了解其佛學思想。道安法師的佛學著作，主要在濩澤、襄陽及長安三地所作，其中以襄陽著作最為豐富；但這些著作在歲月中亡佚，未能流傳於後世，只有二十五篇佛經序文及一本完整的《人本欲生經註》存世。

道安法師一生著作頗多，約有五十四種，可分為三大類——

（一）對當時佛經所作註解有十九種：

包括《光讚析中解》一卷、《光讚抄解》一卷、《般若放光析疑准》一卷、《般若放光析疑略》二卷、《般若放光起盡解》一卷、《道行集異注》一卷、《大十二門經注》二卷、《小十二門經注》一卷、《了本生死注》一卷、《密迹金剛·持心梵天·二經甄解》一卷（亦有《持心梵天經略解》、《金剛密迹經略解》各一卷之說）、《賢劫八萬四千度無極解》一卷、《人本欲生經注撮解》一卷、《安般守意解》一卷、《陰持入經注》二卷、《大道地經注》一卷、《十法句義》及《連雜解》共一卷、《義指注》一卷、《九十八結解》及《連約通解》共一卷、《三十二相解》一卷。

（二）著述有十一種：

論著包括《三界諸天混然淆雜錄》一卷、《綜理眾經目錄》一卷、《西域志》一卷、《實相義》（或稱《實相論》）、《道行指歸》、《安法師法集舊制三科》、《性空論》、《四海百川水源記》一卷。

書信往返之間的佛學問答，也是道安法師的思想精華，有《答法汰難》、《答法將難》、《答郗超書》。

（三）所寫經序有二十四種：

包括〈戒因緣經鼻奈耶序〉、〈安般注序〉、〈陰持入經序〉、〈人本欲生經序〉、〈了本生死經序〉、〈十二門經序〉、〈大十二門經序〉、〈道行經序〉、〈合放光．光讚略解序〉、〈摩訶鉢羅若波羅蜜經抄序〉、〈漸備經十住梵名並書敘〉、〈增一阿含經序〉、〈四阿鋡暮抄解序〉、〈道地經序〉、〈十法句義經序〉、〈僧迦羅剎經序〉、〈婆須蜜集序〉、〈阿毘曇序〉、〈十四卷鞞婆沙序〉、〈比丘尼戒本所出本末序〉、〈比丘大戒序〉、《關中近出尼二種壇文夏坐雜十二事並雜事共卷前中後三記》、〈疑經錄序〉、〈注經及雜經志錄序〉。

其中，〈比丘尼戒本所出本末序〉、〈關中近出尼二種壇文夏坐雜十二事並雜事共卷前中後三記〉兩篇，於清代之前推定為道安所作，故仍列出示明。然清代學者考察此二種著書，不是道安法師所撰：〈比丘尼戒本所出本末序〉應是竺法汰所作；〈關中近出尼二種檀文夏坐雜十二事并雜事共卷前中後三記〉在《四庫全書文集》作者定為「前秦不著撰人」。

在這些著述中，道安法師對般若思想尤為著力。其《般若經》註解有十種（《般若經註解》、《般若放光析疑略》、《般若放光析疑准》、《光讚般若略解》、《光讚折中解》、《光讚鈔解》、《道行般若》、《道行集異注》、〈大品經序〉、《義指注解》），對般若見解著書有三種（《實相義》、《道行指歸》、《性空論》），般若經序有二種（〈合放光．光讚略解序〉、〈摩訶鉢羅若波羅蜜經抄序〉），般若共計十五種著作。可謂盡心全力，力解經義，苦心闡述，致力弘揚，為中國般若學奠基先驅者。

在梁朝釋僧祐所撰之《出三藏記集》，抄錄了道安法師注經，題為〈新集安公注經及雜經志錄第四〉，保留道安註經心願及內容。僧祐法師文中提到的「今有」，是梁朝當時尚存的道安著述，非現今存有。道安法師諸經作注之序文，由僧祐法師抄錄在《出三藏記集》中，故今都能保存，得以窺探道安法師的思想梗概。以下就僧祐所保留之道安法師譯經思想及著作，予以略述。

僧祐所集錄的〈新集安公注經及雜經志錄第四〉中有一段道安對經典註經的心願並列出註經之名稱，其表明自己不敢守一小隅，就自以為值遇佛聖心、能儘解佛經了，期許自身能努力弘揚及闡釋佛意。

當時的《般若經》流通有《放光》、《光讚》、《道行》諸本。《放光般若經》者講述，已是煩惱漏盡之聖人，分別盡諸煩惱了，可以證八地之不動然卻不證也。經文本意源流浩瀚，其義理幽遠深邃，不是一般人就可窺探《放光般若經》之高深宗廟堂奧。道安為《放光般若》註解，即為《般若放光析疑准》一卷、《般若放光析疑略》二卷、《般若放光起盡解》一卷。

《光讚般若經》的註解有《光讚析中解》一卷、《光讚抄解》一卷。道安對於《放光》、《光讚》的研究，在其〈合放光．光讚略解序〉中，介紹兩經是「同本異譯」本，《放光》是意譯、《光讚》是直譯。《光讚般若經》的註解有二本註解，有一本《放光》．《光讚》比較本合解。

《道行般若經》是最古之般若經譯本，即今《大般若經》的第四分。道安法師當時認為，本經是佛去世後，由外國高明者所撰述解說，是摘取其重要意旨合成的經文。道安會如此判讀的原因，是這本經辭句形式質樸、關聯複誦，經文首尾之意隱而不顯；因為是直譯，故沒有達到信、達、雅的理想譯經情況。

道安法師為本經作《道行集異注》一卷。然本經有其它譯本，證明它是佛說的原意佛經；因當時經典不足，難以佐證，故誤判了。

《大、小十二門》者屬於禪經，講述禪思微妙深奧之洞府。分別為其作註解，大者是為《大十二門經注》二卷，小者是為《小十二門經注》一卷。

《了本生死經》者是佛學思想，其講述苦、集、滅、道四諦，四諦與四信的關係，若四諦成就，必能成就四信之玄奧，四信即「信佛、法、僧、戒不退失」之信心。其註解為《了本生死注》一卷。

《密迹金剛經》、《持心梵天經》，此二經者，竺法護所翻譯，義理多有深隱之義。其註解為《密迹金剛、持心梵天二經甄解》一卷。

《賢劫八萬四千度無極》者，「度無極」即「波羅蜜」（pāramitā），即「到彼岸」之意；八萬四千法門是菩薩行法，為大乘經的重要綱目。其註解為《賢劫八萬四千度無極解》一卷。

《人本欲生經》，以十二因緣為主軸，十二因緣可以成為苦、集、滅、道四諦的緣由，配九種防止邪法，而獲得八解脫之微妙精要。其註解為《人本欲生經注撮解》一卷。

《安般守意》者，「安般」是「安那般那」（ānāpāna）之簡稱，即數息觀，為對治妄念多者之妙藥。其註解為《安般守意解》一卷。

《陰持入經》，後漢安世高所翻譯之殘本經。一切諸法分為三類，新譯為「蘊、處、界」，稱為三科；舊譯作「陰、入、界」，即五陰、十二入、十八界。五陰者，陰是陰覆義，即「色、受、想、行、識」；此五者，若顛倒執，則能陰覆真如法性。十二入，前六者眼、耳、鼻、舌、身、意為內六入（內六根）；後六者色、身、香、味、觸、法為外六入（外六根，又名六塵）；根塵相入，故名入，為生識之處。十八界，就是六根、六塵、六識；界為生本義，隱含大乘的種子義；又稱十八性，因其為諸法性的別名，故名為性；性是特性，也就是「持」——保持其特性。此《陰持入經》，闡述身心意識流之妙化，是身體感官直接之道。為作《陰持入經注》二卷。

《大道地經》者，是修行之精妙，被外國用來做為修行之捷徑，為作《大道地經注》一卷。

《十法句義》及《連雜解》共一卷，是道安法師將眾多經、眾多行門或是未曾合到其他諸經裡面之義理，合集之註解，成為一部解釋佛法辭意之書，類似一部佛學辭典。

《義指》者，是收集外國沙門於中土所傳的佛學義理，解釋佛經各部類專有名詞之詞意，採用當代語言來解釋佛經古文的方法，想讓聽聞、學習佛法者，更方便理解。後增之為《義指注》一卷。

《九十八結》，即九十八使，亦名九十八煩惱，通名為使。名煩惱者，若離九十八使，則出離三界九十八使一切煩惱；以煩惱結使滅故，三界業亦滅，若三界業煩惱滅者，即入於涅槃。斷九十八結使為《阿毘曇》學的重要義理，其註解為《九十八結解》及《連約通解》共一卷，另又作《三十二相解》一卷。

三界諸天，即是欲界六天、色界十八天、無色界四空天；當時大眾混然不解，容易混淆，無法對應諸天次第，以致雜亂。道安為三界諸天作解釋，即成《三界諸天混然淆雜錄》一卷。

同參道友往來書信，合集竺法汰的提問，成《答法汰難》二卷、《答法將難》一卷，《答郗超書》一卷。

另外對所認知之西域史地，作了《西域志》一卷。

若依僧祐法師〈新集安公注經及雜經志錄〉之文末，自書道安法師著作共有二十七卷，此合計是二十四本著作，包含註經十九本，加上《三界諸天混然淆雜錄》、《綜理眾經目錄》、《答法汰難》、《答法將難》及《西域志》此五本書，以上合計二十四本著作。

然此二十七卷尚不足於全數，因未包含道安終年所註經之數量。此文中未包括道安往後為經典所作之二十四種「經序」，亦缺列道安法師本身之佛學著作《實相義》、《道行指歸》、《安法師法集舊制三科》、《性空論》、《四海百川水源記》及書信《答郗超書》等六種，合計共三十種文缺列，故道安法師於此原文有二十四種文，加上三十種缺列者，合計有五十四種著作。

《人本欲生經註》之探討

道安法師的注經保存現況，目前只剩下一本完整的《人本欲生經註》，即《人本欲生經注撮解》。我們就此經註來探討其佛學思想。

《人本欲生經註》是由東漢安世高所翻譯，屬於原始佛教經典，與現今《阿含經》第二十四卷的《因緣經》，也是《長阿含經》第十卷的《大緣方便經》

及現傳南傳藏經的《大緣經》屬於同一部經，主要講述九支生死因緣法。此經緣起，是阿難對佛陀說，因緣法一看就懂，不是很深奧；佛陀回答：「勿說是分明易知易見，是甚深微妙法。」於是，佛陀便對阿難講解九支因緣法流轉之間的關係（此九支生死因緣法，非現今通用的十二因緣）。

道安法師對《人本欲生經》做註解，他解釋「從有本」的「本」，就是癡，就是無明；欲就是愛；生就是生死。故經名之意是，人的生死是由無明、欲愛而生。

道安在《人本欲生經註》明白指出，「生」是「老死」開始的一切因緣。然後又指出「愛」，愛是從受而來的因緣，因為愛求、利計、樂欲，求以往愛因緣便生執著，慳惜不捨便會有家，有家便會守護，以慳惜不捨，不放棄，就會順從如是，而導致「生、老死」鉤鎖連環的流轉生死因緣結果。故染境名愛，能潤生死；因為「愛」是未來因，以慳惜不捨，能導致下一生的「生、老死」

未來果，是重結也。

又其在〈人本欲生經序〉卷一：「《人本欲生經》者，照于十二因緣，而成四諦也。」道安對本經九支因緣法及通用之十二支因緣法之間的密切關係，是瞭若指掌，深刻體悟。

〈了本生死經序〉之四信

再看道安在襄陽時期作〈了本生死經序〉。他提到，古印度的三藏法師們非常重視此經，認為此經以「四信」為教首而精研之。

本序開宗明義，明示四信法車之妙用。四信是四不壞信，是證知四諦之理時，對「佛、法、僧、戒」所產生清淨信仰，永不退轉；四信妙法之車則是世尊流傳的一種高貴法車，用來載運被顛倒邪見所繫縛之眾生出離苦海。

世間遍滿配戴愚癡寶冠之人，佛陀與起大智慧劍，用來喚醒糊塗麻木之人，使他們清醒過來，攻陷欲有、色有、無色有迷癡之地，粉碎了貪瞋癡的堅固帽冠，斷除與三有相繫的紐帶，於是可以登上具足信根之車，漸漸進到四諦的軌道；以因緣成就時，則成四喜。對於接近悟道，對佛、法、僧、戒都能產生歡喜而不離，心生殊勝的欣喜，遠離愛味，故趨於了本生死。「了」就是解脫；「本」就是無明，就是根源。所以，從四信出發，能解脫生死根本，就是解脫無明束縛。

〈了本生死經序〉又說，凡是有生命者，多被業力因緣所束縛，反而對清淨的佛、法、僧產生不正之見，甚至毀謗，如同囚犯被幽禁在無明深淵中；想要解脫生死流轉束縛，趨向於空之境界，先要進入三十七道品之五根，五根即信、進、念、定、慧。其第一步信根成就，是成就「四不壞信」，對佛、法、僧、戒產生絕對的信仰，絕對不壞此四信根。

解脫生死，成就四諦，需從四信進入；四信猶如華殿，能在麗日中金光輝耀。一切功德，以信根為首，對佛、法、僧、戒生起無上敬仰的菩提信心，便能發起廣大善根，能生出一切善法，為廣大善行之所宗。

一代宗師道安，正見分明，所作的各經經序，就是讀經的指導方針，闡述出佛學名相解釋與修行次第之關係，完全按照佛學修行脈絡，其佛學思想系統造詣非常扎實。佛法思想恢宏巨大，道安當時佛法資源稀缺，其求真思想卻毫不遜色於現代經文解釋，完全能契中佛法，精準掌握。

道安殷勤弘法不斷，講述不輟，把深奧玄妙的義理，畫龍點睛般地組織成有系統的佛法，適合於當時信眾的接受能力；在佛法初興的時代，使佛法的傳播倍道而進，具有極大貢獻。

禪觀思想是佛教早期傳入最重要的思想之一；在魏晉南北朝時期，禪觀思想與般若思想是佛教兩大重要法門。當時，禪觀思想大都受東漢安世高所翻譯禪經影響，安世高先後譯出禪經五十餘種，佛教學者競相學習，遂成主要流派；北方佛學偏重於禪觀的修持，故稱為北方禪學系統；這正是道安法師出生之地，孕育他禪學功底的環境。

禪觀經過道安等高僧的努力鼓吹，北方前秦與後秦更興起。北方禪學大盛，被歸類為小乘禪的領域。大乘佛教禪觀逮《坐禪三昧經》出，大乘禪和小乘禪別立的關係才告明確，因而促成天台止觀的成立及中國禪宗的誕生。

道安法師一生多在北方，是禪經流行之地。道安法師對於練心息念禪法之工夫用功甚深，後來在濩澤、飛龍山以及恆山等地停留期間，對註釋佛經從不停歇，像是《道地經》、《陰持入經》、《十二門經》（慣稱為《小十二門經》）、《大十二門經》、《安般守意經》等禪經系統，道安法師皆有深刻見解而做註解，探究其深意，並以弘法的願心，傳授給僧眾學習。

當時的禪定，是類似原始佛教的修法，以深入禪定為主，是以真定實證，契入身心寧靜狀態，而發起超越身心的強大力量，入神通也是必然之事，道安法師的感應能力想必與禪定有關。

在道安法師離開鄴城、前往牽口山之境時，追隨修習經法、禪觀人數已經達到四百多人，遵行他的解行教誡：解是他的信解經文，行是他的禪修、行儀及菩提願心，教誡是戒法僧規的重守，都對當時有極大影響。

《十二門經》、《大十二門經》之禪觀

《十二門經》、《大十二門經》是諸禪經中最為精析者，以四禪、四無量心、四空定十二門，分別對治凡夫的貪、瞋、癡之心。從欲界的凡夫修禪，漸

徵於色界的根本四禪；加以四無量心的慈、悲、喜、捨四等，極遠大都能達到四空天；而四空定本身就是無色界的四空天。以十二門定而發慧，根立而道生，覺立而道成，達於解脫之境。

道安在〈十二門經序〉中指出，「十二門」是修習定學的名稱，「門」是出入之意，是開其法門之妙意。十二種禪定包含了：色界的四種根本禪定；無色界四禪之四空定；加上四等，指慈、悲、喜、捨四無量定，就是四梵住，成為十二門。此十二門，是六雙修禪的關鍵門徑。

定的定義有三種：一曰「禪」，即是禪那（dhyāna），舊譯為思惟修，新譯曰靜慮，此即四禪。二曰「等」，即等持，以平等保持心，故曰等持，新譯為三摩地（Samādhi）。諸佛菩薩入於有情界，能平等護念彼等，故曰等念，是攝受利他之行；此即慈、悲、喜、捨四無量心、亦名四梵住。三曰「空」，即四空定，深思色法之過患，作意滅除一切色法，一心緣空，念空不捨，不苦不樂，既無色縛，心識澄靜，無礙自在。

若為厭欲界散亂者，為說四禪；若為欲得大福德者，為說四無量心；為厭患色之質礙，如在牢獄者，說四無色定。此禪定精進不懈的三個作用，用來治療貪、瞋、癡三毒緊密纏縛的重病，對幽厄苦難之病症醫治毫不放鬆。

凡夫被關在貪瞋癡的監牢中，尤被萬惡為首之淫欲束縛。故道安法師禪學的重點，放在進入初禪以前，對治欲惡不善法的過程，以入初禪前方便，乃至從五停心觀著手。五停心觀裡面，「不淨觀」及「因緣觀」用來對治貪瞋癡等三毒，以對治妄想，作為進入禪定之方便。這些禪定入道工夫都須平日積累。

至於入禪定以後，則體驗到欲望如同斷離惡臭的死屍散落，對於執取損之又損。故初禪到四禪的過程是，漸斷「欲惡不善法」、「覺、觀」、「喜」、「樂」，以至於提升到無色界的四空定之寂靜，到達「味乎無味」之滅受想等四空定。

道安法師又解釋以「四等」對治瞋恚之原理。四等，即四無量心、四梵住、四無量定，謂慈無量心、悲無量心、喜無量心、捨無量心。說明被瞋恨心禁錮者，忿怒能通身徹髓，造成重大過失；慈、悲、喜、捨四無量心則能對治瞋恚，拔除眾生憂苦。故四無量心能對治亂世之大苦。

道安法師又加解釋，凡夫容易堅守愚癡城，故要修學四空定來對治愚癡。四空天進到無色界，以修空觀，欲探慧之本源，伏癡愛無明之本，若能了達生命流轉愛取有之惑，愚癡狂病則病癒。

另一本《大十二門經》，是道安在濩澤時，同門師兄弟竺道護送給他的。《大十二門經》與《小十二門經》都出自於《長阿含經》，裡面專門敘述禪定義理。《大十二門經》是漢代安世高所翻譯的；道安法師將自己擁有的《小十二門經》拿出來與《大十二門經》比對，認為《小十二門經》應該也是安世高所翻譯。

按《大十二門經》的〈經後記〉，附有「嘉禾七年在建業周司隸舍寫」的字樣，嘉禾為三國東吳的年號（西元二三二至二三八年）。道安感慨，如此好經竟然封存在櫃中兩百多年弘傳不廣，覺得非常可惜。竺道護於東垣界的賢者眾經中得到它，護送前來濩澤，才得以流布。竺道護在獲得此經不久後，其寺宅失火；他若沒看到此經，加以搶救，本經將化為灰燼！此經若一旦在火災中喪失，後人自然不得見聞。

道安對本經極為看重，賦予極高的評價，認為《大十二門經》是諸禪經中翻譯最為精悉的經典，文辭非常文雅，闡述禪觀宗旨縝密，正中禪意而不浮華，依此十二門可證得涅槃果，為一切佛教修習方法之概括。此外，本經專一敘述禪定，完整無缺陷，文采與重點都形容得恰到好處，無有省略，深入禪定精髓，沒有比它更精確的了。

道安更在〈大十二門經序〉中提到禪定的重要：禪定之根，植立穩固，是萌生佛道要基；由定發慧，達到覺悟妙境，而成就佛道，莫不由此十二門進入。定根立得穩固，產生強大力量，能防止修行人退失道心。

道安法師以〈大十二門經序〉的重點，是強調「四禪」與「四空」。愛欲生眾生、眾生起生死，皆由意業鬆散在前驅馳，隨於業風而入新生命，以生死業為依怙；改變的方法，就是以專注心念於禪修，由入於初禪之斷欲，而存乎「解色」之離欲；更要專心一念，不讓妄念有所插入間隙的「不繫防閒」，方得入於止、觀禪定之中。

道安講「禪」，已經從「防閒」、「念空」、「制形」這類禪的功用，突出了「了色」、「解形」等理論的思考；佛教的觀點，就是由「禪」發「慧」，進到解脫的境界。

《安般守意經》之禪觀

在濩澤，道安獲得了安世高所翻譯《安般守意經》，是較為接近原譯的《小安般守意經》，經文已失傳。現今流行的《安般守意經》指《大安般守意經》，是經過註解及擴充過的經典。經文內容為禪定修習的經典，以觀察呼吸，作為修習禪定的方法。坐禪時專注於觀察呼吸及計算出入息的次數，從一數到十，使分散浮動的精神意識，能專注於一境，進入到禪定意境。

《安般守意經》謂：「安般守意，名為御意，至得無為也。」其道理是，以一御萬，以靜制動，以數息來守意，駕馭所有妄念，至於得到定境。道安法師加以說明，修禪定獲得神通就如「夫執寂以御有，策本以動末，有何難也？」以修習禪定所達到之深刻定境，來駕馭外界大千世界現象，由於定境是根本，要來改變外在微末的事象，這有什麼困難呢？改變外在的形象是簡單的，足以說明禪定境界之強大力量。

道安法師的〈安般注序〉是襄陽弘法時期所作，文中說明，數息是學道所寄託之處，因為道是萬物產生之因，並為道德之寓所，德備以養萬物，萬物所託付，無不以數息為寄託，所以安那般那之數息觀，作為守意成道之入門根本，依數息攝念能防七識之洪流。

〈安般注序〉表示「寄息故有六階之差，寓骸故有四級之別。」由寄息於數息進入禪修，共有六階之差別，就是六妙門，即數、隨、止、觀、還、淨六階段的修法差別，六門依序進趨，至於身體骸骨消除之無色界，無色界仍有四空天之差別。並主張「階差者，損之又損之，以至於無為；級別者，忘之又忘之，以至於無欲也。」階差、級別都是從有為法的損之又損，以至趨向於空性的無為法之境界。

以出入息為道之基，此安般念能道生萬物，為德之寓所，以德畜養萬物，為萬物所託。所以安般寄息以守成，四禪寓骸以成定也，並說明六門之差階，而至於「開物成務」之境地，由此開物成務，說明由禪定入般若之道理。只有透過無漏止觀的修習，才能進發無漏深慧之生起。

道安大師對於禪定認識極為深切，但以闡述不易，為讓學習者理解內涵，只能藉由中國人熟知的詞義，來類比其中道理。藉由《老子》損之又損的「損」，與《莊子》的忘之又忘的「忘」，來解釋調息、離妄念之理。再藉由《周易》的開物成務，說明坐禪功夫能成就道業之務。並藉著《老子》的無為無欲、《莊子》的忘人忘我，闡釋禪觀的境界，能離人我、法我，入於色空、人空、法空。

至於其他的禪經注疏，在〈陰持入經序〉中，佛以「止觀」教化眾生，治療眾生執取五陰、十二入、十八界之大病，專門抑制貪求、愛欲之心病。要眾生藉由禪定和智慧保持覺醒的意境，能好好的調息、調身、調心，由定發慧達到解脫生死的境界。

〈道地經序〉主旨則在通過禪定開啟智慧，使善心住一處不動，而悟出真實不謬之真理。以善因必有善果精勤修行，終可達到真諦之境界。所以《道地經》是真身菩薩的玄妙之堂，是眾生成道的奧妙之室。

道安闡揚佛意，教授禪定用以超越心性煩惱與能力極限，用四無量心授予預約福慧圓滿的生命境界。教大眾用無量道心，以無量眾生作為緣取的對象，牽引無量福德，招感無量果報，達到無上菩提。

道安的般若思想

般若經最早的翻譯，是從東漢末年的支婁迦讖開始；後來經過了支謙、朱士行、竺法護等人努力翻譯，將流行於印度、西域的佛教般若思想介紹到中國。在西晉元康、永嘉年間，般若思想仍停留在引進階段，接受的人限於少數佛教徒及原來信仰佛教的外域移民，尚未在中國本土生根。

般若思想能成為中國精神文化的一部分，必須與中國實際生活發生相互作用，能提供當時中國社會的需要，與思想文化相應，是能在本土生根的重要因素。

魏晉之時，玄學清談學風興盛；佛教對中土的影響力，便是引用般若經入玄學，形成玄學與般若交融時期。般若學說的玄遠抽象，正迎合了當時玄學風尚，廣大的知識分子競相學習般若；支道林（西元三一四至三六六年）適時引般若經入玄學，掀起玄談另一番高峰。在《高僧傳》中可看出，魏晉南北朝玄佛合流的盛況，僧人中有佛圖澄、竺法雅、支遁、道安、僧肇等六十四位名僧都兼具極高玄學素養，般若玄學思潮蔚為當時風尚。

般若（prajñā），意譯為智慧、妙智慧；全稱為般若波羅蜜多（prajñā-pāramitā）或者般若波羅蜜，直譯為智慧到彼岸或「智度」，是大乘六度（布施、持戒、忍辱、精進、禪定、般若）思想的最高指導——五度如盲，般若為導，依般若法才能到達智慧涅槃的彼岸。

般若之智，是真如實相。般若有兩方面：一則緣起，一則性空。緣起法是條件法、世間智慧，以什麼樣的因緣條件，和合成某種程度的因緣成就；以因緣和合成就萬法繁興的法相與德用，成就事功，就是緣起法。既然是因緣所生法，當然也會因緣生、因緣滅。能緣生緣滅，其背後所依憑，就是性空、不生不滅的道理所支持。空無自性，無自性方能隨緣，因緣和合生起一切法。緣起性空是一體兩面，依緣起法完成世間德用，依性空法到達涅槃彼岸，是法性、法相的真如實相。

般若學之六家七宗

鳩摩羅什以前，對《般若經》性空學的研究，無論讀誦、註解經文、往復解析辯論、講說弘揚已知有五十餘人。當時的佛教般若學者，為闡揚般若空義之方便，或援引玄學觀點闡釋佛家空義。當時佛學與玄學互相激盪，各有闡發，對於般若性空、本無思想，產生不同詮釋，形成學派林立、各家爭鳴，形成般若思想空前活躍的新局面，衍生成為「六家七宗」之說。

在《夾科肇論序注》提到六家七宗之說：

高僧曇濟作《六家七宗論》，論有六家，分成七宗：第一本無宗；第二本無玄妙宗，出第一本無宗；第三即色宗；第四義合宗，亦云識合宗；第五幻化宗，亦云如幻宗；第六心無宗；第七緣會宗，亦云體會宗。本有六家，第一家分為二宗，故成七宗。

六家七宗即為：本無、心無、即色、識含（亦云義合宗）、幻化（亦云如幻宗）、緣會（亦云體會宗）六家，其中的本無宗又分出本無玄妙宗，即「本無異宗」。今試就七宗列表明之：

宗派	人物	理論涵義
一、本無宗	釋道安、竺法汰、釋慧遠	諸法空無，本性空寂；道安以無在萬化之前、空為眾形之始為觀點。
二、心無宗	支愍度	空心不空境，肯定客觀實有，是最早的宗派。支愍度早在西晉惠帝時已是有影響的人物，其學說為道恒所繼承。另有竺法蘊觀點，對外物不起計執之心，說它空、無。
三、即色宗	支道林	色空不二，色空一體。關內的即色義——說色法依因緣和合而生，沒有自性，即色是空；和支道林的即色遊玄義——說即色是本性空，都是即色宗。
四、識含宗	于法開	于法開的識含義：三界萬有都是倒惑的心識所變現。
五、幻化宗	道壹	空物不空心，肯定心之主體。釋道壹的幻化義：世間諸法都如幻化。
六、緣會宗	于道邃	于道邃的緣會義：諸法由因緣會合而有，都無實體。
七、本無異宗	竺法琛	是從本無宗分出，竺法汰、竺法琛主張，從無生有、萬物出於無的本無義。

如按基本觀點區分，實際只有三派，即本無派、心無派、即色派。含識宗、幻化宗、緣會宗三家可歸結為「即色宗」派，其同為了反對「心無宗」所提倡的「心無色有」之觀點發展而成：藉著心為實有反對支愍度的「心無論」，又藉著道安法師的「本無意」駁斥「色有」之說。

本無宗是「六家七宗」最有影響力者，以道安法師為代表，特別重視般若經典之研究，藉「本無」來解釋般若之空義，謂「一切諸法本性空寂，故云本無。」這是以存在的形式來立論。又謂「無在萬化之前，空為眾形之始」，此則就宇宙本體論之空性而言。道安法師認為，般若法性，常靜至寂，無為無著，必也主體、客體互相皆歸泯滅，如如不動，達到「無所有」之境——諸法之真際，也就是佛法最高精神境界。以「無」為「本」是道安法師般若思想之核心，因以「無」為核心，故成本無，成為此宗旨之名「本無宗」。

僧肇大師（西元三八四至四一四年），在其所著〈不真空論〉中，便對本無、心無、即色三家做了批判。又如僧叡稱揚道安：

安和上鑿荒途以開轍，標玄旨於性空；以爐冶之功驗之，唯性空之宗最得其實。詳此意安公明本無者，一切諸法本性空寂，故云本無。

此因於當時般若經典初傳，《道行》、《放光》、《光讚》諸本般若，文義傳述未能暢達；在般若經典傳入越多、般若思想越清楚之後，便發現仍然尚未契合「大乘性空」義理。故僧叡稱揚道安的學說，為諸宗最得性空的實義；然而，又慨嘆他「爐冶之功，微恨不盡」，因《中論》、《百論》等未翻傳，「無法可尋」，猶隔一間，未到盡言之際。

對般若經之研究

道安法師一生最重視般若經典的研究，盡其一生投入極大的時間精力弘揚，因般若法源有限，但盡力為之。其從通徹緣起類之經典到大乘般若經的研究歷程如下——

一、緣起經典研究

道安法師緣起經典思想主要體現在《人本欲生經》與《了本生死經》的研讀註釋中。《人本欲生經》主要闡述小乘九支因緣法，道安配以十二因緣來解釋緣起法的生命現象。《了本生死經》本經除了講述十二因緣以外，引入了「空」的道理，以空種、識種與小乘佛教地、水、火、風四大種結合，闡述緣起法；透過四聖諦法，就能了解有情對生命執取，因非實有，而不被因緣束縛，能徹證空性，本經便是貫穿大乘「緣起性空」思想。其餘思想不再贅述。

二、般若經研究

道安法師早期在河北鄴城避難時，曾經獲得《光讚般若經》第一品，但未獲得全本；有此接觸後，才真正認識般若，此後對般若經開始艱苦求索。至遷居山西飛龍山時，與竺法汰、僧先等一起研讀《道行般若經》，對大乘般若學極為用心。早期道安法師的般若學便是以《道行般若經》及《放光般若經》為主。

《放光般若經》出自於西域于闐，是三國時魏國沙門朱士行發現的。朱士行研讀竺佛朔翻譯之《道行般若經》，認為此小品不能完整詮釋般若學，於是出發西行取經，在于闐國獲得這本「正品梵書胡本九十六章六十萬餘言」的《放光般若經》，想要將此經攜回中土。但于闐國王受到小乘沙門的遊說，而阻撓大乘佛經輸出。朱士行極為痛心，便請求燒經為證：「如果大法應當流傳於漢地，那麼此經便不會燃燒；如果此經不受到保護，就任由天命。」朱士行便將《放光般若經》投入火中，經本不但沒有燃燒，火反而滅了，絲毫無損。此經於太康三年（西元二八二年）由朱士行弟子不如檀送回洛陽，至元康元年（西元二九一年）才由無羅義與竺叔蘭翻譯成漢文。

中山（今河北定縣）支和尚知道此事，派專人到陳留（今河北開封東）倉垣抄寫該經，抄寫完畢送回中山的時候，中山王與眾僧們舉著幢幡，出城四十餘里迎接，場面盛大。當時佛教界無人不重視此經，為當時的顯學；道安法師著疏、講解《放光般若經》，在樊沔十五年，每年講《放光般若經》兩遍。

在襄陽時期，道安法師曾經派遣弟子慧常、進行、慧辯等人西行求索戒本；當時雖然沒有求索到戒本，卻發現了許多重要的佛經，《光讚般若經》便是其一。《光讚般若經》早在西晉太康七年（西元二八六年）便由竺法護翻譯成漢文，但一直保存在涼州，沒有流傳到中原地區；直到東晉太元元年（西元三七六年）慧常法師等西行才發現，同年五月送回襄陽給道安法師。道安師曾於鄴城見到片經，經數十載以後才見到《光讚般若經》的全貌，又讓弟子僧顯抄寫送到揚州給竺法汰法師。

道安法師獲得《光讚般若經》之後頗為欣喜，每日研讀，感悟良多，備感應該廣泛弘傳般若教義。道安將已有的《放光般若經》與《光讚般若經》進行比對研究，認為這兩部經都屬於般若經的大品，應該是同本異譯；然而，《放光般若經》在翻譯時刪略比較多，事實上也是一個節譯本，《光讚般若經》才是真正的全譯本。

《放光》與《光讚》二本之間，翻譯也有很大的差別。《放光般若經》採取意譯為主，中土人士容易理解，譯文明白流暢；為了兼顧本土的語言習慣、思維想法，所以刪節了許多文句，相對地就遺漏了許多內容，反而不能呈現經文原來樣貌。《光讚般若經》譯經風格採取直譯，所以語言風格保留了原經文質樸、反覆講說、回環敘述等印度經本的特點；然中土人士喜好簡易，不習慣反覆講說之文風，故未受大睞，無法突出《光讚》之特點。

另外，道安法師在襄陽接觸到了《華嚴經》系統的經本《漸備一切智德經》，屬於大乘般若經系。在東晉太元元年（西元三七六年）道安法師派遣慧常法師等西行求法，於涼州送回這部《漸備一切智德經》五卷本，但缺第一卷。這部經是西晉沙門竺法護於元康七年（西元二九七年）在長安所翻譯，不知為何這部經又被帶回了涼州保存，經文內容敘述大乘佛菩薩修行的十地階位。

雖然道安法師精通般若學、對十地的名稱也不陌生，但剛剛接觸到《華嚴經》的思想，又因為缺失第一卷，沒有起頭的緣起說明，與原始佛法的證果階位極為不同，尚理不清頭緒，感到茫茫如海；深深祈求能獲得第一卷，以便釐清菩薩十地以致成佛的情況。由此對佛經的缺失深感不足及遺憾，不難理解道安法師勤於搜求佛經的願心。

玄波溢漾——創立本無宗

道安法師順應東晉盛行玄風所創立的「本無宗」，當時是影響最大的一個般若思想學派，也影響了廣大的知識分子。道安之「本無論」認為，如來出世，以「本無」弘揚佛法。「本無」的意思是性空，意為沒有創造萬物的創造者，萬物都是緣起而生；所以主張「本無」為真，而萬物創生為末；因為是「空性」，所以說「本無」。認識萬物本無的空性，才會豁然而不受外物煩累，也是「崇本息末」的看法。道安法師在論述「本無論」時，與玄學「貴無派」的觀點之間，有著相藉闡說、互通義理的關係。

道安法師雖知佛教中「諸法性空」的義理，並非意指萬物是從虛空中產生，而是緣起而生，所以他反對「從有生無」的玄學立場；他的「本無論」，已經確認「般若空性」指的是一切諸法性空。所以，在隋代吉藏大師註解的《中論疏》裡，評斷道安法師的「本無論」認為：「安公所講的『本無論』就是說一切諸法本性空寂，所以叫『本無』。」

道安法師在〈合放光．光讚略解序〉認為，般若波羅蜜是無上正真道理根本，是成就佛道不二法門。般若正真之道，其含意有三種，即「法身」、「如」跟「真際」。故般若經闡述以「如」為始，以「法身」為宗。

「如」就是法爾如是，一切法就是其本來的樣子，沒有本末的區別，亦無生滅、斷常、一異、去來的順序，一切都是平等，即法性平等。故佛性無興滅，綿綿常存，悠然常在，無須寄託，法性如如不動，故曰「如」也。

「法身」則始終如一，清淨常存，恆常寂靜，不生不滅，有無均淨，不可名狀。法身既是清淨，故於戒律即無戒無犯，清淨在定學則無定無亂，清淨處於智慧則是無智無愚。法身隱顯是為空忘，空忘故無二三息盡之分別，皎然清淨，無任何我執縕染。法身清淨為體，是恆常不生不滅之道。

「真際」就是真如本際，正真至極的境界，無可執著，澄清靜寂而能照物一切，故一切玄理都能盡現其中，無所為而能無所不為也。萬法雖是有為，而此法淵默，卻是緣起一切法的源頭，所以「無所為」能為「有為一切」的緣起道理，此即是法的真際、現象的「本質」。

道安法師為了讓世人了解般若妙境，以玄學的本末、有無、有為無為等來描述，就是想表達：「本末等爾」、「有無均淨」的真正般若境界，是沒有任何本與末、有與無的差別，離對待、無有差別、不可得。可見其已深入般若波羅蜜之經旨！

破斥「心無義」

道安法師與竺法汰法師都是贊成「本無論」的；對沙門支愍度所創立的「心無義」，則認為不符合大乘般若學教義。支愍度的「心無義」，意指「心無則色無」的道理。「心無義」既沒有看到外在物質現象的色法之空性，也沒有看到人的精神現象「名、法」之空性，並未真正地認識空性，只是以為「心無則無」的自我認知罷了。

因「心無義」學說認為世間事物都是真實存在，所以讓人容易產生對世間貪戀之情，不利修道，與正統佛法相違背。道安法師則認為，般若的含意，應該是擺脫一切煩惱妄想的纏縛；世間一切事物本是空無、本無，而非心無宗的外境有、心則無之說。主張外境有，並不符合般若學的空義。

道安法師及同門，對心無義在荊州一帶大放異彩感到憂慮；如果此事任其發展，必使佛法真義隱沒，認為不能袖手旁觀，坐視不管。所以，在一次因緣成就下，道安的本無宗曾經成功地折服「心無義」的教義。

第一部分曾提及，道安法師本來是派遣竺法汰往揚州弘法，後因病而由荊州大司馬桓溫接到荊州悉心照顧，道安法師便派遣慧遠法師前去荊州探望。

竺法汰及慧遠在荊州時聽聞，當地流傳著「心無義」學說。沙門道恒法師大有辯才，承接支愍度的學說，在荊州講演「心無義」，當時人都信受。竺法汰法師病好不久，就碰到沙門道恒開講「心無義」；於是，竺法汰法師便有了在荊州舉行法會以破斥「心無義」說的想法。

興寧三年（西元三六五年）深秋，竺法汰法師在荊州召開盛大法會，邀請了沙門道恒前來辯論；道恒也是當時清談領袖，有非常多追隨弟子。竺法汰為了一舉攻破「心無義」，便派出最得意的弟子曇一與道恒辯論。曇一博通佛法精義，而且精通《老子》、《周易》等外學，是弟子輩中與慧遠並駕齊驅者。

曇一根據佛經義理旁徵博引，與道恒開始辯駁。曇一處處以佛經為據，對道恒屢屢發難。道恒卻是辯論高手，口若懸河，一點都不退讓；於是，兩人的辯論一直辯到夕陽西下，不分軒輊。大家被這場激烈的辯論所吸引，相邀明天再辯。

竺法汰覺得自己低估了道恒的辯才，認為道恒對曇一的駁難方式已經熟悉，如果明日再讓曇一上場，恐怕也是難分勝負。所以轉向慧遠，請其次日上場辯論；慧遠聽到師叔的期望，欣然答應。慧遠法師對儒、道等思想造詣本深，又從道安法師聽般若經後大有所悟，對於般若妙旨領會極深，還能旁徵博引，深體般若之智慧與法喜。

次日慧遠就席，道恒因昨日勝場而感到興奮，面對慧遠自然不以為意。但道恒贏在辯論口才，不是贏在法理上；遇上了辯才相當的慧遠，又是通曉佛法義理者，能抓住道恒的義理破綻；經過慧遠一再設難、反駁，道恒開始有些招架不住了。慧遠以理追問，對道恒窮追不捨，致使道恒一時詞窮，露出慌張神色而停頓下來。

慧遠不慌不忙地對道恒說：「不是要『不疾而速』嗎？為何要反覆思考呢？」「不疾而速」出於《周易》，形容做事從容不迫；這正是符合「心無義」

的主張——他們認為，只要心是清淨虛無，不為外物所累，做到『虛而能知，無而能應』，處於任何事情都可從容不迫。而道恒現在的慌張，哪裡是從容不迫呢？道恒被還以其人之道，根本就站不住腳，大眾因此莞爾。從此，「心無義」在江東也就很少人再流傳了。

道安僧團的人在荊州大破「心無義」，意義重大。因為，道安僧團當時剛南下，才到襄陽，第一次與江南的佛法正面交流。因高徒慧遠的辯論勝出，正式為道安的「本無論」開啟了一條般若弘揚之路，致使「本無論」在江南獲得了承認、傳播，也讓竺法汰江東弘法之路更進一步。

與「即色宗」之看法不同

即色宗的代表人物是支道林（支遁）。支道林學問淵博，對於般若經用功甚深，著作有〈大小品對比要鈔序〉。道安法師是本無宗的代表，重視般若空義，反對支道林的即色論，認為即色宗是過於強調「假有」的世間合理性，和名士風度世間性格，而缺少了出世品格。支道林的般若學與玄學論點較為接近，為入世思想所重。

道安法師認為，佛教的出世間性格高於入世性格，唯有本無之空性才能出世解脫，這才符合佛教般若道理，而非支道林入世玄風、強調「內聖外王」所能比擬。故中國早期般若學諸宗派中，以道安的本無宗被封為般若學正宗。

道安法師的般若思想當時無人可比擬，直至鳩摩羅什大師來華，廣泛譯出般若經典，將印度般若經義理傳入，又經弟子僧肇演繹般若精髓，道安的般若思想才被超越。

由格義佛教之反省，到本無宗詮釋般若

道安時代的名僧，為傳布佛法，便援用玄學概念詮釋佛經以方便流傳。當時玄學、釋學合流之際，與道安同門的竺法雅以及康法朗、毗浮、曇相等人推動格義之法，一方面汲取玄學思想以闡述般若空義，讓佛教能迅速流布於上流社會；二者採用「格義佛教」作為傳道的方法，即是將佛經當中的事數比配世間典籍講說，令信眾了解。此法激起了玄學士人對佛教的尊崇，使得玄味遠猶，從而進入佛教大門。

佛教徒雖然藉由玄學命題、概念來闡發般若思想，使佛教思想更容易且迅速地進入上層統治階級和士人階層。但由於過多地使用老莊玄學概念、命題去比附、傳譯、解釋般若經典，使得佛學在某種程度上披上玄學色彩。但當時佛學經典不足，佛教真義在當時的環境下確實弘傳不易。

後來，格義方法為道安、法汰所駁斥而廢棄。般若學的主旨，在二乘法是

真諦與俗諦、有為與無為，色法與空法，世間與出世間，發展到大乘色不異空、空不異色的般若空有一體、佛法不離世間覺。然而，道家玄風講世間道德名教，以至於到超越本性的無為無欲、忘人忘我的超越生活，與佛教畢竟空義不同。道安法師想要尋求一條佛教思想獨立之路，認為「先舊格義，於理多違。」於是揚棄了「格義」思想的迷思，致力於佛學精義的釐清。道安法師當時力排眾議，讓佛教脫離玄學，進行真正思想獨立的重要改革，致力於般若的弘揚，讓般若之路自成其道。

致力於般若弘揚

道安法師於襄陽這個相對安定的環境中，更能盡力弘揚般若經典。於襄陽十五年中，每年為弟子開講《放光般若經》兩遍，未曾暫廢；並且對《放光般若經》及《道行般若經》詳細比照研究，註解不斷，其中完成了《光讚析中解》、《光讚抄解》、《般若放光品析疑准》、《密迹金剛．持心梵天．二經甄解》等二十餘部佛經相關著作。

道安法師對般若經用心體會，在當時最得般若學之正宗。其弟子僧叡在參與鳩摩羅什翻譯《大品經》後，對道安法師的評價為：「鑿荒途以開轍」，便是稱其站在般若學的前鋒地位，開風氣之先。

般若經所講的性空緣起是印度大乘佛教的經典，基本思想是闡述空性的道理，認為世間現象乃假有，是成住壞空的有為法，不真實性，生生滅滅、無有自性。所以，無自性是事物的本性，也就是空性。真離苦便是體悟到空性，看透世間生生滅滅的虛幻，體會超越物質及思想的恆常寂靜之空理；實現此一境界，就是修持般若的無上智慧。般若法義體現於自證，不可言傳；開悟者深知法無可說，可終日默然；但遇到慈悲度化眾生的因緣，則極力弘揚；這是聖默然、聖說法，無說而說之般若。

道安法師處於般若經的引進時期，經典尚不完備。至鳩摩羅什法師在逍遙園譯出更大量的般若經，如《金剛經》、《摩訶般若波羅蜜經》、《維摩經》、《大智度論》、《中論》等後，並有什門四聖、八俊、十哲等人之發揚，使般若學得到極大的開展，義理更為深入，遠遠超過東晉時期。故僧叡很有分寸地指出道安對般若學的微旨：「思過其半，爐冶之功，微恨不盡。」當時經典尚未充足，導致道安詮釋般若義理，尚有微細未能盡言之憾。

道安的戒律思想

東漢時期佛法傳入中土，隨著佛法的弘傳，開始有漢人出家；後來隨著東土漢人出家越來越多，戒律就成為迫切重要的問題。因為，僧團生活，是要依照戒律而行；出家僧俗有別，比丘有比丘的戒律，比丘尼有比丘尼的戒律，沙彌也有沙彌的戒律，才有如法僧儀規範。

佛陀制定戒律軌範出家眾行為，猶如國家制定刑法、統一律令成為百姓一概遵守的規矩。可是，道安法師在長安以前，還沒有完整的戒本翻譯，曾感嘆：「云有五百戒，不知何以不至！此乃最急。」五百條具足戒為何沒有傳至中土，這是最令道安著急的事。

戒律翻譯，最早的翻譯在漢靈帝建寧三年歲次庚戌年，後漢安世高首先翻譯出《義決律》一卷，次有《比丘諸禁律》一卷。

至曹魏之世，天竺三藏沙門曇摩迦羅（意為「法時」），來到許昌、洛陽，感慨曹魏之境的僧眾竟然沒有戒律規範。於是，曹魏嘉平二年（西元二五〇年），譯出大眾部戒律《僧祇戒心圖記》（即《僧祇戒心》），也就是僧祇戒本。戒心即戒本，居中統要，故喻心焉；內容出具足戒五篇之名，立羯磨受戒法。另有安息國沙門曇諦，亦善律學，出曇無德部《四分羯磨》。《四分羯磨》及《僧祇戒心圖記》這兩部書便是中國佛教翻譯受戒戒法的開始。

曇諦的《四分羯磨》是解釋《四分律》的作法羯磨，並非明列條條戒文。「羯磨」（karma）一詞意為「業」也，所作是業，亦翻「所作」，即僧眾戒律的作法的方式；例如，受戒羯磨便是舉行受戒儀軌進行的方式。有了曇摩迦羅的《僧祇戒心圖記》譯出十人受戒羯磨法，加上曇諦的《四分羯磨》，比丘受戒法已譯出，成為大僧受具足戒法的依據。故曇摩迦羅在洛陽白馬寺建立戒壇，首創受戒度僧制度。漢土第一位出家沙門朱士行（西元三五年），潁川（今河南許昌市）人，立志學佛，首先登壇受戒，成為中土僧人受戒之始。

直至晉咸康年中（西元三三五至三四二年）沙門僧建，從月氏國獲得《僧祇尼羯磨》以及戒本，升平元年（西元三五七年）於洛陽請梵僧沙門曇摩羯多設立戒壇受戒。這些傳戒過程雖有記錄，但譯本均已佚失，由曇摩迦羅及曇諦傳來的《四分羯磨》《僧祇戒本》，也都是不完備。

道安所主持翻譯的《十誦比丘戒本》，是前秦建元十五年（西元三七九年）到達長安。當年遇到了擅長阿毗曇及戒律的曇摩持（又稱曇摩侍），便立刻請他誦出《十誦比丘戒本》，曇摩持、竺佛念二人共同傳譯。十誦比丘戒本二六〇戒，從此都能明瞭，終於有了一本完整五篇、七聚的戒本。但此戒本中，眾學法有一一〇法，總計比丘大戒為二六〇戒，與現存之戒本不同，現已失佚。

另外一本完整的戒本，是到了東晉法顯（西元三三四至四二〇年），其為司州平陽郡武陽（今山西臨汾地區）人，還是非常感嘆戒律殘缺，才西行印度求法，求得《摩訶僧祇律》的梵本。這本完整的律本持還揚州翻譯（西元四一三年）之時，道安法師已經往生二十八年。

道安譯場於長安翻譯出《十誦比丘戒本》，法師為之作〈比丘大戒序〉感嘆，（長安之前）沒有戒律原典可依據，乃至翻譯以及考校者都非常少，是當時對戒律持守上的最大缺憾。又說道，世尊所立教法有戒定慧三學，是成就道業之門戶。戒學是第一步，是斷身、口、意三惡業之干將（古代名劍），如來舉戒為三藏之首。作為出家僧眾與俗人最大的區別，就是受了具足戒成為大僧。所以，戒法是佛法及僧團的命脈所依。

對戒律的渴求，每每令道安思念起師父佛圖澄；這位一切有部的高僧，非常重視戒律以及阿毗曇學。道安法師跟隨師父在鄴城修學時曾學戒律，還未及研究戒律微細處，就遇上烽火亂世；干戈擾攘，致學無以繼。想起這件憾事，道安就常悔恨沒有把握好機會，可以好好學戒的時機卻喪失在動亂迭起之中。

因缺乏戒本，道安對戒本的尋訪一直惦記在心。他曾獲得一本梵文戒本，題名為《大露精比丘尼戒》，他對這個戒本非常珍惜，當時正值北方戰亂，他率領僧團南下避難，一直守護著這個戒本，輾轉南北。當時還沒找到可以翻譯的人，直至長安，才請懂梵文的法師來鑑定這個戒本；想不到，這位法師一看便說：「這只是一柙藥方罷了！」道安法師因為不懂梵文，抱寶懷珍這個戒本二十餘年，不曾放棄，可見他對戒律重視的程度。

道安法師在襄陽的時候，僧團人數已經非常龐大，遇到的戒律問題也非常多，對戒律的渴求更是迫不及待。於是，在襄陽期間，為了獲得律典，曾經派遣涼州沙門慧常到涼州訪尋戒本，作為安僧行持的基礎。慧常法師涼州之行，沒有找到與戒律有關的佛經，卻是幫他找回不少大乘般若學經典。道安法師認為，四部戒律不具備，對佛法及僧眾都是巨大的損失。

道安法師於〈比丘大戒序〉指出，不論在家或出家人，行為都是要以戒律作為行持的基趾。為何呢？檢教形形式式各種行為，猶如種種百行舟楫、輦輿，如果不以戒律為基礎，行為須臾之間就淪落於不恭敬、不莊重，則傷害戒律之心已形成。傷戒的習慣入心以後，想要不淪落於三惡道，那是不符因果、未所聽聞。所以世尊將戒律列為三藏之首。

道安法師並仰慕外國沙門能重視佛戒，每個寺廟都維持誦戒習慣，半月半月相率誦戒。誦戒之日通宵達旦，背誦戒條，使僧眾契合戒律教法，維持僧眾行為準則；如有違犯，必定自咨或糾舉出來懺罪，使僧眾不再犯戒。策勵持戒之心，猶如老鷹追逐鳥雀，絲毫沒有放鬆。

前秦建元十五年（西元三七九年），道安遇到了擅長阿毗曇及戒律的曇摩持，便立刻請他誦出《十誦比丘戒本》，曇摩持、竺佛念二人共同傳譯十誦比丘戒本二六〇戒，終於有了一本完整五篇七聚的戒本，這是道安極為欣喜之事。求戒已久，終於翻譯出一本比丘戒本，戒條行持都能明瞭了。但本書現已失逸。

前秦建元十八年（西元三八二年），道安見到了善於誦戒的罽賓國沙門耶舍，於是請耶舍誦出整部《鼻奈耶》，即《戒因緣經鼻奈耶》；道安法師興奮地說：「從此以後前秦有一部完整的戒律經典了。」此本是大本戒經，是佛未制戒時所說戒經，非是戒本之戒條，剛翻譯出來的時候只有四卷。道安法師對待戒律的態度非常恭敬嚴肅，迫切整理翻譯戒典，是為令僧團更能依律，讓佛法的持守能更嚴謹。

在長安，道安接觸了更多原始佛典，最重視就是四部《阿含經》（《雜阿含》、《長阿含》、《中阿含》、《增一阿含》），認為仰慕向佛之人，對於《四阿含經》都應該熟悉涵詠，以求出離永脫苦海。道安法師主持翻譯，譯出《中阿含》與《增一阿含》兩經，其中談論戒律的相關部分，道安法師極為重視，認為如今能看到這些戒律相關內容，非常慶幸，要共同護持，視之等同戒律，這是本國僧眾最急切之事。

又在〈增一阿含經序〉提到：「《增一》也，且數數皆增，以增為義也；其為法也。多錄禁律繩墨切厲，乃度世撿括也。」《增一阿含》是道安僧團翻譯於姚秦建元二十一年（西元三八五年），曇摩難提翻譯，五十卷，已佚失。此經所說重點是法數及戒律。「法數」是漸次趨入的佛法，以應世人根基；隨事增上，以數字相次，從一增至十一法；因其一次、一次地增上，故名「增一」。其中多收錄關於戒律修行規範準則，用來策勵修行人，被認為是修行之繩墨，乃至是度世之法度也。道安法師對戒律的渴求，於經文有關戒律內容都視如珍寶，隻字片語都成為津要，可見其對戒律之著重。

道安所撰〈比丘大戒序〉，提到持戒的願心，「寧持戒而死，不犯戒而生」：

若精進持戒，同亦當歸死；不精進持戒，同亦當歸死。寧持戒而死，不犯戒而生。

雖然精進持戒與不精進持戒都同歸於死，但對持戒的願心，寧可持戒而死，不要犯戒而生，這是多麼勇猛精進、寧可玉碎不為瓦全的精神。希望僧眾能夠潔身自愛，精持戒法。這樣的持戒願心，令此一代宗師「篤性精進，齋戒無闕」，戒行影響當世，以為後世修行楷模。

道安長安譯場翻譯的戒律書有：《十誦比丘戒本》一卷、《比丘尼受大戒法》一卷、《教授比丘尼二歲壇文》一卷、《比丘尼大戒》一卷、《鼻奈耶》十卷（又名《戒因緣經》、《戒因緣經鼻奈耶》），習慣上認定都是道安自己作序，現存可見的序文有兩種〈比丘大戒序〉、〈戒因緣經鼻奈耶序〉。

前秦建元十八年，道安法師在長安為新翻譯的《戒因緣經》作序，即〈戒因緣經鼻奈耶序〉。此戒經文道安翻譯所出只有四卷，後世流傳改成十卷。這是一部戒律大本，共約七萬四千字，是罽賓（即迦濕彌羅國，今北印度境）沙門耶舍誦出，故又名為《戒因緣經鼻奈耶》，為比丘僧尼之戒律經書；此經是講述種種戒律因緣之戒經，並非戒條。

道安法師所著〈戒因緣經鼻奈耶序〉稱，於二百六十戒條都能解疑礙之滯，從此細微的行持都能明瞭了。兩年之中，於此秦邦三藏都具備了。唯願同吾一樣之人，尤應謹慎面對。

道安法師深知戒為眾功德之始，身安其法，戒德難思，功逾眾行，謹慎持護，成眾道基。

奠基弘法，度眾脫苦

道安法師窮覽經典，鉤深致遠，學理恢宏，為長養大眾法身慧命，著作達於五十四種。思想著重於戒、定、慧三學，而躬親實踐，成就道業，達到證真之地。

為僧眾慧命註疏講經，理路明析；師承佛圖澄之說一切有部特色，是自漢代安世高以後，從解經到譯經，弘揚說一切有部之大弘法化者。特重務實佛法，建立大眾基礎佛法修行次第，對法數及阿毗曇學極力弘揚，明達修行循序漸進方法，而至解脫之目的。

道安繫心於戒法，艱辛求戒本，督導僧團務實學戒，將蒐羅之戒本盡心弘揚；以身作則，堅守戒律行持，寧為玉碎，不為瓦全；以戒律若不能持守，無異俗氓，言「寧持戒而死，不犯戒而生」。整肅僧儀令使矜莊，絲毫不縱，不使傷戒習慣入心，免於三途果報，令緇素謹當持律。制定戒規，規範僧尼行為，令使僧眾安身立命，戒成解脫本，律成菩提本。

弘揚定學大義，以務實清虛之禪定修行，闡揚禪定功能，深觀細微，發神通力；定深起用，伏斷煩惱；由定發慧，轉凡成聖。註解《修行道地經》、《陰持入經》、《十二門經》、《大十二門經》、《安般守意經》等三昧經及禪經體系，因實修而有深刻見解，皆能探究原義，領眾修定，揮發強大功能；四眾深受其惠，制斷煩惱，了脫生死。

道安法師並堅持回復佛教性空原義，脫離格義，創立本無宗弘揚般若學，一生以般若著疏最多，達於十五種文，是真正扭轉「格義」到「得意」之佛教思想大家。綜攝佛法功力一流，在有限的經典基礎上，做到最有力度的佛法闡揚，為後世鋪成平坦道途，是佛教中土化的偉大奠基者。

道安大師在戰爭歲月中，面對眾生的求不得苦、愛別離苦、怨憎會苦、生老病死苦歷歷在前、眾苦交煎下，引領眾生從現實與執著的苦難中解脫出來，對眾生能起到大受用，體證佛法，發揮重大功能；捍勞忍苦，鞠躬盡瘁，親躬實踐，實現佛法救度眾生本懷。

貳・對佛教的創制與貢獻

安既德為物宗，學兼三藏，所制僧尼軌範、佛法憲章，條為三例……天下寺舍遂則而從之。

道安法師對中國佛教的貢獻可謂功高蓋世、德被四海，創制諸多中國佛教制度，奠定中國佛教在中國深耕、廣泛流傳的基礎。

道安法師對佛教的創制與貢獻包括：一、組織僧侶；二、制定僧尼軌範；三、一統釋姓；四、科制佛經、創佛經三分科判；五、綜攝佛法，詮釋法數；六、綜理群經，作《綜理眾經目錄》；七、主持譯經；八、推動重要佛門風氣及儀軌；九、影響當世；十、道安法嗣。以上每一項都有傑出貢獻。

組織僧侶

由良好的僧侶組織，造就優秀的僧團風氣，再發展為普化十方的力量，是佛教順勢發展的傳統。

道安組織僧侶奠定基礎，使佛教規模立基穩固；再接引居士順利拓展學風，開枝散葉、普化人心，成就流芳中土的僧團美德典範。道安的好友習鑿齒在致謝安的書信中便讚歎：

> 來此見釋道安，故是遠勝，非常道士，師徒數百，齋講不倦。無變化技術可以惑常人之耳目，無重威大勢可以整群小之參差；而師徒肅肅，自相尊敬，洋洋濟濟，乃是吾由來所未見。

道安將一個數百人的龐大僧團管理得道風井然、齋講不倦，實得益於軌範制定，開啟了中國佛教史上依律法規範僧團之先河。

現今雖然不清楚道安組織僧侶的確定規制，但數百人僧眾在亂世中形成威儀有力的僧團，能專心辦道，靠的就是僧團組織合理，和合一味，規範風行草偃、明確猶如電照之光，讓僧眾都能安心追隨僧團修行。用持戒的心遵守紀律，使僧團組織運作循規蹈矩、服從師教，造就博學多才、非凡素養的僧眾，成就精勤辦道的僧團人材。

道安僧團賴導師德化，訓練有素；遇到動員調度，派遣弘法，皆能任才適用，個個材優幹濟，派往各方弘化都能獨當一面。優良的僧侶組織道風，使四方紛紛效仿，成就中國僧團組織美談。

制定僧尼軌範

戒法是僧人的解脫本也是菩提本，乃維持僧團清淨命脈所依。道安法師在襄陽的時候，僧團人數已經非常龐大，遇到的戒律問題也非常多，對戒律的渴求更是迫不及待。為了處理僧眾犯錯事件，必須要有戒律依循；然而，急切伺尋正確完整戒法，卻不具全。因為戒律是沙門的立身行事之本，應該以戒為師、以法為師，戒律是最應該重視的事情。

道安法師特重戒律行持。遇襄陽之亂時，道安法師進行了第二次分張徒眾，將不少弟子派往江南各地弘法；其中，法遇被派到江陵長沙寺弘法。法遇有四百多位受業弟子，其中一位僧人犯了飲酒戒，而忘了為大殿燒香；法遇對這位僧人做了處罰，卻沒有將他逐出僧團。事實上，依戒律，飲酒戒亦不是重戒，勿須逐出僧團。

遠在長安的道安聽聞此事，便將一根荊條裝入竹筒中，寄給江陵的法遇。法遇打開一看，心中一顫，知道是飲酒僧這件事，讓遠在他鄉的師父擔憂。法遇便命執事僧鳴鐘召集全寺大眾僧，對著竹筒焚香禮拜後伏在地上，請執事僧用荊條抽打自己三下，再將荊條放回竹筒，詔罪於己、流淚懺悔，誨對戒律態度鬆弛，不嚴管教。

此事傳出之後，僧俗各界對道安法師門下嚴於守戒的態度，極為讚歎，沙門紛紛勵節苦修，信眾對佛法也更充滿信心。

道安及法汰等人當時曾努力尋求戒本，久尋不能具足。缺乏完整戒本，是當時佛教界僧人守戒重大缺陷，只好轉向制訂寺內規範，以便攝眾。於是參考戒律的精神，制定了僧尼軌範，以及僧人依循的佛法憲章，訂定「三例」，使僧眾有了軌範作為依循的標準，也促使天下寺院競相效仿遵守。「僧尼軌範、佛法憲章」如下：

安既德為物宗，學兼三藏，所制僧尼軌範、佛法憲章，條為三例：一曰行香、定座、上講經、上講之法。二曰常日六時行道、飲食、唱時法。三曰布薩、差使、悔過等法。天下寺舍遂則而從之。

道安法師制定僧團行事規範，主要是規範僧團集體活動所須遵守的具體儀軌。其所創制的「僧尼軌範、佛法憲章」主要有三科，當時的內容如今已經迭失，只存寥寥數語，無法窺其全貌。但戒律為佛所制，僧團修行制度內容古今相去不遠，以下僅依照現今通用儀軌，稍作說明。

第一科，行香、定座、上經、上講法。主要規範僧眾，要依照統一的儀軌進行法事，或在共修時要遵守僧團統一活動秩序。

行香法，指燒香的儀軌，是佛教重要供養法。佛教自東漢傳入中土後，也帶來印度燒香文化，今《大藏經》中有五千餘處記載燒香供養，而道安法師是第一位建立燒香儀軌之中國僧人。佛經中諸多燒香供養，因鑑於此，道安法師制定行香法，但此儀軌已迭失。

定座法，是僧眾、居士用功時如何定座、排班等方法，例如誦經儀軌、念誦法會等進行之集眾、入班、排班、上香順序等，以及禪坐如何安坐、打坐姿勢、禪坐圓滿之下坐、行香排班走法等。道安法師應有明列其定座儀軌之方式，天下寺廟相偕效仿，今儀軌不存。

上講經、上講之法這兩項是指，講習經法時，上高座轉讀之法，即規定上堂講經說法的方式。講者如何上座、聽者如何迎請說法師、站班位置、座班威儀等，以及再次覆講及請法問答等活動進行，都需要有整齊有序儀軌規範。

第二科，日常六時行道、飲食、唱時法。此三項與一天二六時中行道用功有關，規定行住坐臥等行門功課、威儀等。

飲食法規定飲食前打犍椎作相、受食法、持鉢法、行水法、施主供養時，齋畢要為施主達嚫（梵語 dasịnā，意為財施）作願等用齋規定。

唱時法是依照一定的時間進行僧團統一日常運作，例如幾點起板用功，幾點用齋，幾點作務，幾點聽經，幾點養息等生活作息時間規定。

第三科，布薩、差使、悔過法。這三項都與僧團戒律羯摩作法有關。布薩法之「布薩」（upvasatha）就是誦戒，規定僧團如何誦戒。佛制必須半月半月誦戒，誦戒有嚴格的誦戒儀軌，例如差誰誦戒、如何進行誦戒、大眾如何座位，小眾何時入僧團作儀軌、何時離開，小眾依戒別分團另外誦戒，如式叉摩那尼團、沙彌團、沙彌尼團誦戒等儀軌。

差使，是僧團推派使者，去為僧團進行某一件事。例如，比丘尼僧團遇到誦戒、作結夏安居羯磨前，都要推派比丘尼使者（推派一為尼使者，一為伴尼），前往比丘僧團乞教誡；領受教誡後，再回來向尼僧團傳答教誡，這是差使法之一。

悔過法，就是懺罪法。具足戒分為五篇七聚，僧眾有犯罪事項，要分是犯了哪一篇的罪，規定要對多少人懺罪，才能除罪。有眾中懺的方法，也有對首懺悔、折心懺悔的方法，戒律都有嚴格的規範。

道安所制訂僧尼軌範、佛法憲章之「三科」等，雖未完整保留，經後世演變為叢林制度、以及梵唄、誦經、懺悔方式之淵源，應相當可信。規範僧團威儀肅肅，為天下所推崇。道安在襄陽被攻陷後被苻堅請到長安，直到逝世前的七、八年中，在長安經常對數千人的大道場說法；現場僧團威儀凜然，為天下之表率。

一統釋姓

道安法師在長安主張，將出家人姓氏一律改為「釋」姓。中土人士相當重視姓氏，總是請問「貴姓」以示尊重。道安法師對促進中國僧眾認同感的最大一件事，應該就是「一統釋姓」吧！讓僧眾投皈釋門，依如來家教，從如來之姓，安獲如來慧命。

道安入關長安前，法師的姓氏有幾種情形：

一者，道安以前的出家弟子常沿用俗家姓氏來稱呼，例如舍利弗、目犍連、阿難陀等；在中土的沙門如嚴佛調、朱士行等，也是沿用俗家姓氏。

二者，印度人喜歡用人的特性來稱呼，如龍樹菩薩（加護法龍族的形象）、日稱論師（其特性猶如日光之光熱著稱）、月稱論師（猶如月光清涼著稱）。

三者，外國來的沙門以他所來之國家為姓氏。例如，天竺來的沙門稱為「竺某某」，例如道安的師父——竺佛圖澄，竺法蘭、竺佛朔等；又如康居國來的沙門稱為「康某某」，例如康僧會等；若是由安息國來，便稱「安某某」，如安世高、安玄等；月氏之國來的沙門則叫「支某某」如支婁迦讖、支謙等佛教著名的翻譯師。

四者，使用佛、法、僧三寶做為姓氏。例如，以佛為姓者，有佛陀羅剎、佛陀跋陀羅；或者是以法為姓，法翻譯為達摩，例如達摩羅剎、達摩難提等。

或者是以僧為姓，例如康僧鎧，其印度梵名為僧伽跋摩，又名僧伽婆羅，還有僧伽達摩、僧伽提婆等。又或以菩提為姓，如禪宗初祖菩提達摩。

五者，以師父的姓氏為姓。中國僧人經常使用師父的姓氏為姓，像是道安被稱為「竺道安」，他及師兄弟竺法汰、竺法祚都是跟著師父竺佛圖澄的姓氏，又如支道林（支遁，字道林，陳留人）也是跟著師父的姓氏。以示出家重生法身慧命。

道安法師時代，出家眾的姓氏通常以師父的姓氏來取；例如，竺道安，跟著竺佛圖澄而姓竺。可是，道安的弟子又要跟著姓「竺某某」；已經過了兩代，道安的弟子都是中土人士，讓他們又姓竺，恐會以為是天竺來的僧人，難免混淆不清。種種因緣，造成出家人的姓氏非常混亂，不容易分辨清楚。

例如，在《高僧傳．道安傳》最後一段就記載了：「在某本別記上說：

『河北有一個竺道安，和釋道安齊名，習鑿齒並寫信給竺道安。』」《高僧傳》作者慧皎法師糾正了這個錯誤。因道安有竺道安、釋道安之稱，被誤以為是兩個人，這是錯誤的。因當時習鑿齒自稱「四海習鑿齒」，道安法師回應稱「彌天釋道安」，以釋迦佛為姓氏才大氣，當時人就稱他為釋道安，故有竺道安、釋道安兩種稱號。真正改為釋姓，則是道安晚年的長安時期了。

出家人是方外之人，需要有姓氏嗎？道安法師對此一問確實做了思考。在印度，四種姓出家都稱為釋子，認為出家沙門的姓氏應該要以「釋」為姓。自魏晉以來，出家眾的姓氏都是由師父來取，會造成如前所說的混亂情況。道安法師認為，出家人都是釋迦牟尼佛的弟子，應該採取同於釋迦世尊的姓氏，全部以「釋」為姓，這樣就不會混亂了。

道安法師便召集了五重寺的僧眾，宣布出家眾以世尊的釋姓為姓，弟子們一聽皆歡喜雀躍，贊同改成釋姓。當時道安法師德尊位隆，為佛門領袖，五重寺僧眾改為釋姓的規定，讓各處寺院僧眾紛紛效仿，改成釋姓。這確實是道安的創舉。但也有一些沙門，為了忠於師父給他的姓名，保留了一段時間並未立即改名。

不久，道安法師譯場譯出《增一阿含經》，果然獲得經典依據。據《高僧傳》記載：「後獲《增一阿含》果稱，四河入海，無復河名；四姓為沙門，皆稱釋種。」從此以後，中國佛教徒就楷定以「釋」為出家眾的姓，至今不變。

這個規定非常符合釋迦牟尼佛所說的四姓平等原則，沒有種姓差別。凡是出家成為門下弟子，一律平等，都是佛陀的弟子，脫胎換骨、重獲新生。

一統釋姓的做法，乃是道安的創舉，讓出家眾更能身分認同，對皈依於佛陀釋姓堅定共同信仰，具有重要意義。

科制佛經

現今科判佛經為三分：一序分，二正宗分，三流通分。當初，很多人對道安法師把佛經分為三分的見解表示懷疑，認為他自作聰明、自持已見。後來，印度有一部《親光菩薩論》翻譯到中國來，發現這部論裡居然也有三分的分解，這才相信道安法師智慧超勝，深契佛心，實在是有先知之明。所以，佛經的序分、正宗分、流通分三分科判，是起始於道安法師，證實於《親光菩薩論》流傳。

序分之「序」即序述、次序，於經文之開始，介紹宣講經文的時空背景，包括為何人、何事而說，時間地點、緣由等資訊。

有通序及別序。通序者，謂如是我聞，一時，佛在某處，與某大眾俱。此是通序，就是基本每部佛經共有的「信、聞、時、主、處、眾」等六事，說明時地聽眾等訊息；若六事完全具備，則代表本經真實可信，故又稱「六成就」、「證信序」。別序者，蓋佛說經，必有由致；例如，《楞嚴經》由阿難遭摩登伽女幻術之緣，佛因而提攜阿難及摩登伽女歸來佛所，故說此經，是名別序。而言別者，以諸經所說各有緣起不同，故名別也。雖分通、別，總名序分。

正宗分之「宗」即主也、要也。佛所說經，必以正宗分說為主；又正明一經要義故，說明經書法義。是一部佛經中最重要的部分。此部分一般包含教義闡明、論證，以及修行法門，一般採取問答體例，由「弟子提問，佛陀讚允繼而解答，問答往來後佛陀予以總結」的結構組成。例如，《楞嚴經》第一卷，從阿難見佛，頂禮悲泣，下徵心辨見，分別真妄，會萬法歸如來藏，乃至說咒立壇，遠離魔事，令阿難大眾除惑證道；至第十卷，重研五陰，知有涅槃，不戀三界等。此是一經正說，故名正宗分。

至於流通分，流則不滯，通則不壅，助佛經流傳世間，故名流通分。正說佛經以後，務必要傳於後世，利益眾生，使正法之本源，流通而不壅塞。是佛經正文結尾之說，以頌揚功德、宣說修行利益，或者與其他法門進行比較。基本形式多是「大眾聞佛所說，皆大歡喜，信受奉行」。例如《楞嚴經》，自「阿難，若復有人，遍滿十方所有虛空，盈滿七寶，持以奉上微塵諸佛」，至「作禮而去」，此乃較量持經福勝，勸讚讀誦，流傳無盡，故名流通分。

綜攝佛法

道安法師在襄陽，對佛學研讀方法的整理，有卓越的貢獻。在整理佛教典籍、註釋佛經過程中，使他日益感受到佛經研讀整理方法的重要，最重要的是對佛教「法數」的研究。

對綜攝佛法而言，法數的歸納是重要的一環。法數又叫名數、事數，是帶有數字的佛教名相，例如：三學、三皈依、三藏、五戒、四念處、四正勤、四如意足、五根、五力、七覺支、八正道、四無量心、六波羅蜜等。

佛教有系統地在修行法門的相關性中，整理出一套有順序的修行方法；這些方法名相的概念數量很多，彼此間又密切相關，容易幫助大眾進入佛法脈絡。法數的整理，會有次序地將相關概念放在一起，構成有次第的修行方法，達到有連貫性、進階性，形成脈絡系統，讓修習者有條理地進入佛法大海，在學習上也方便明瞭，容易記憶。

法數是有順序的，通常由一到二到三到四，往下順延，例如一心、二諦、三藏、四無量心等延伸。又如三十七道品，內容有七科，有修行順序脈絡。先修四念處，當是修資糧位；再則四正勤，當是煖位；三者，四如意足，當是頂位；四者，五根，當是忍位；五者，五力，當是世第一位。六者，七菩提分（七覺支），當是修道位；七者，八正道，當是見諦位（見道位）。三十七道品順序即是有證位次第的相關脈絡。

以法數為核心的佛經，例如《增一阿含經》、《本事經》、《法集名數經》等，都是藉由法數來講述佛法。高僧們為了佛法學習方便，也編著了類似的法本，例如唐代李師正編《法門名義集》、明代一如法師編《大明三藏法數》等。道安法師的年代相對早了很多，可說是法數類佛教著書的先驅者，他發揮的是阿毗曇學，其為法數的根源。弘揚佛法如果先精通法數的學法次第脈絡，則容易成就，也容易弘傳佛教志業。

道安法師在襄陽期間著作了《十法句義》、《十法句雜解》，都是法數類的重要作品。他在〈十法句經序〉中說，要弄清楚佛法義理，沒有比精通法數更重要，但很少人能真正掌握。道安法師經常參閱漢代沙門嚴佛調撰寫的《十慧章句》、三國沙門康僧會集的《六度》，都是闡述法數。閱讀這類著作總有深深感悟，但這些書還遺漏了很多法數。道安法師盡量收集法數，補充其條目及充實內容，依次抄集，命名為《十法句義》。勸勉大眾都要修學法數，以利道業成就。

綜理群經，作《綜理眾經目錄》

道安法師整理佛教文獻、創編經錄，為佛典目錄學的先驅。

漢魏至晉朝期間，經典傳入中國漸多，東漢時期可知的譯經有二百九十二部、三百九十五卷，南北朝時期譯經多達三、四千卷；若沒有一本佛經目錄提供查詢，將是雜亂而難以綜理。

眾多經典中，翻譯者的姓名大多亡佚；後人想要研究經典，也無從得知譯經的年代。道安法師有鑑於此，於是蒐集自從東漢「孝靈皇帝」光和年間（西元一七八至一八四年）以來，至道安時期的東晉寧康二年（西元三七四年），將近二百年期間，梵僧口誦傳來的經典以及已經翻譯的經典，列出翻譯者、並判定譯經的時間、新舊、全經或宗撮經等，撰成了《綜理眾經目錄》一卷。從此，後人研究眾經有所依據，這都是道安法師的功勞。

《綜理眾經目錄》已久佚，部分現存內容，是梁朝僧祐所撰《出三藏記集》，其卷二至卷五以本書為藍本，再加以增補撰寫，故仍可出此略窺其大要。至於本書標題，在道安、僧祐所傳書中均無記載，至隋代費長房所編之《歷代三寶紀．卷八》「道安條」始揭《綜理眾經目錄》之名，且在同書卷十五將之稱為「釋道安錄」，而列為未嘗見二十四家錄之一。

關於佛經佚失譯者部分，早期翻譯流傳之經典大抵未記載經題、翻譯者之名，如現存初唐以前之古寫經，少有於卷首署有譯號者。至道安時，雖校定諸經之題名、譯者，然難以判明譯者何人之經典為數仍多。在流行未署譯者名的時代，其例外者即於卷末留有某年於某處何人譯出等識別語，只有竺法護譯經屬此；除此之外，則無法施以任何推定或想像。

道安從在陸渾時（約西元三六四年）就開始編著《綜理眾經目錄》，直至襄陽檀溪寺（西元三七四年）時期才完成此佛經編目之大工程。因「非是一人難卒綜理」，但道安法師克服困難地編輯完成了。道安法師能依譯家先後為序總集、列舉各家所譯書目，註明各經異名，整理佛經名錄；品評新舊譯的經本，標明重譯及譯出年代地名，並記錄當時的傳經人，實屬不易。

《綜理眾經目錄》全書內容分類為：撰出經律論錄、古異經錄、異出經錄失譯經錄、涼土異經錄、關中異經錄、疑經錄、注經及雜經志錄等八部分，共收佛典六三九部，計八八六卷。

（一）經律論錄：

主要佛經目錄，或稱本錄，編類經文經目皆完整之經。取自漢代安世高以下，迄西晉末法立以上，共收錄十七家，二百四十七部，總計四百八十七卷經文，並依年代先後，逐家彙列。出於《僧祐錄》（即《出三藏記集》）卷二。

（二）古異經錄：

古代已經譯出之不同版本且缺失部分內容的異本經，或無法辨別經目名稱者重新取經語作為經目的佛經，或是摘要類的經文取一段經之義而立經名，道安合編成古異經錄，凡九十二部，九十二卷，見《僧祐錄．卷三》。

（三）異出經錄失譯經錄：

集不知譯人姓名者，其部分有經名，沒有經名之類的為之撮題注目其經名，合此類的經凡一百三十四種，列為異出經錄失譯經錄。見《僧祐錄．卷三》。

（四）涼土異經錄：

譯人缺失，但知其譯地為涼州（今甘肅、寧夏一帶）者，凡五十九部、七十九卷。見《僧祐錄．卷三》。

（五）關中譯經錄：

收缺失譯名、但知其譯地為關中者，凡二十四部二十四卷。

當代學者湯用彤於《漢魏兩晉南北朝佛教史》讚歎道安能總括三類失譯經，將其分為「古異經」、「涼土異經」、「關中異經」等三種經錄，精尋文體加以詳定，為其分類，甚有厚實的經目分類功夫。

（六）疑經錄：

道安鑑別出是偽經類者，總共有二十六部三十卷。見《僧祐錄．卷五．新集安公疑經錄第二》。

（七）注經及雜經注錄：

安公所注佛經，並及其他關於佛學之著述者，凡十八種，二十七卷。其《諸天錄》、《經錄》及〈答沙汰難〉、〈答法將難〉、《西域志》，雖非注經，茲依安舊錄，亦附之於末。

梁啟超評論道安佛家經錄在中國目錄學之位置，後世皆依其體例：

其體裁足稱者蓋數端：一曰純以年代為次，令讀者得知斯學發展之跡及諸家派別。二曰失譯者別自為篇。三曰摘譯者別自為篇，皆以書之性質為分別，使眉目犁然。四曰嚴真偽之辨，精神最為忠實。五曰註解之書別自為部，不與本經混，主從分明，凡此諸義，皋牢後此經錄，殆莫之能易。

《安公錄》（《綜理眾經目錄》）是今存最古之佛教經錄，道安實為佛經目錄開山之祖。其後僧祐律師之集補，雖並未十分充實，然其所記載較其他經錄近於事實。因此，欲尋訪中國前代佛教經典之歷史，必須以道安、僧祐二師之記錄作為衡量之基準。

而依《綜理眾經目錄》可以推測，當時已有類聚佛典成為叢書的可能。另依魏收〈北齊三部一切經願文〉所載可知，當時諸大寺剎中已有《一切經》（即大藏經或藏經）之設置。所以，道安的《綜理眾經目錄》也有可能是蒐集到的佛典之大藏經目錄。

主持譯經

主持翻譯佛經道場是道安法師在長安時期最重要的工作。他來到長安五重寺之後，因為長安作為國都，是梵僧來華匯聚之地，開始接觸到大量梵僧以及梵文經典，提供了譯經的方便條件；道安法師便改變了他的弘法重點，馬上開立譯經道場，大力進行佛經翻譯。

道安在長安得到了前秦苻堅的支持，成為國主護持譯經的首例。他以佛教界領袖的身分，致力於尋求佛典來源，組織中外學僧翻譯佛經。以前翻譯佛經只是民間零散進行，在此極大的進步是譯經場組織化。道安在長安主持翻譯的佛經，大約有十四部、一百八十三卷，共百萬餘言，翻譯失敗經典不在此數。當時梵僧所帶來的大都是說一切有部的阿毗曇經典，道安對於系統化的論典教義視如珍寶。

佛經的引入及翻譯

漢譯佛經的來源，主要有梵僧口誦梵文佛經、梵僧攜帶之梵文佛經、西行取經求法等三個途徑。

漢譯系統最早如東漢安世高（原安息國之太子家，弘傳說一切有部毗曇學和止觀禪修為主之翻譯家）、支婁迦讖（貴霜帝國僧人，最早翻譯大乘典籍的譯經僧）等人，他們沿襲印度早期流行的口誦傳法，以背誦佛經為主，使佛法深深印在八識田中，易於修行。梵僧帶來了腦海裡的經典，經過口譯方式，再書寫譯成漢文佛經。最早來華的譯經大師，攜梵本者少、憑背誦者多，故最早是流行口譯。

然而，口譯佛經存在二個缺點：一者，口口相授，容易誤傳；二者，記憶有限，難免忘失部分經文。道安法師是屬於最早期的口譯佛典譯場，故也出現了口譯上的缺點。中國人偏好寫本，因有「以無胡本，難可證信」的顧慮；大概從南北朝佛典大量輸入開始，寫本譯經已逐漸取代口誦佛經。

南北朝時由於梵僧來華絡繹不絕，梵篋佛典也就源源不斷地輸入，成為漢譯佛典所依底本來源。梵僧來華的情況到底有多熱絡？據唐朝道宣律師著《續高僧傳》所載，以北魏（西元三八六至五三五年）菩提流支為首的永寧大寺譯經場，紀錄了「四事將給七百梵僧」。另據東魏（西元五三四至五五〇年）楊衒之撰《洛陽伽藍記》的記載，單就永明寺一寺，就有「百國沙門三千餘人」。西域百國多是佛法流行地區，此二例都單就一個大寺，就有梵僧三千或七百，可見梵僧入華情況之盛行，弘法願心之深切。

佛教在中國境內逐漸傳布，至發展地位穩固後，由於前二期梵僧口誦佛經、梵僧攜帶梵篋佛經，都不是有系統且完整的佛經全貌，難免缺落。中國僧侶求知欲大增，為了「探竟佛法」和「整體佛法」，而引發重譯的需要，促成了西行取經之熱潮。據梁啟超的統計，從西元三世紀至八世紀五百年間，總計約有一百七八十位中國僧侶踏上西行之路，前往天竺探尋佛教真經，取得完整體系的梵文佛經，這方面收穫豐碩，形成第三波翻譯佛經之潮流。

佛經翻譯對中國語言學亦有重要影響。中古佛經翻譯所用詞彙，正是當時的語言，所運用的詞彙是當時的通用語，保留了當時的語言特色。再者，佛經翻譯激發了詞語的創造，一者是創造新詞，二者是舊詞彙所衍生的新意義。根據現代學術研究詞彙的對比，在魏晉南北朝，因為佛經的翻譯創造了八千多個新詞彙，對中國詞彙的豐富性，影響非常巨大。

道安時代還有經過西域等地傳譯的安息文、康居文、于闐文、龜茲文等法本，也可作為漢譯佛經的來源，以上西域地區傳來的佛經統稱為「胡本」。東漢到西晉時期的佛經翻譯，大致上是梵僧帶來什麼經典就翻譯出來，是沒有計畫性的翻譯。梵僧不懂中文，需要藉助傳譯的助譯人翻成漢文；當時翻譯頗為困難，零散不成系統；又因為翻譯的格局、文體尚未確立，譯經零散，質量不齊。

兩晉與前、後秦時代的翻譯，由之前一、二人對譯，趨向於多人共譯，分工較細，屬於集體翻譯模式。印度僧人及西域僧人仍是翻譯主力；他們雖不識漢文，但通曉文意；經過團隊共譯，對翻譯水準有一定提升。梵僧熟悉修行方法，經典翻譯完成後，譯場便開講此經，華僧們再進行註經、法門介紹、佛典傳播，逐步奠定了中土佛法弘傳基礎。

護持譯經須聚集人才

要組成譯經道場，首先就是要有譯經人才及護持者，主要是梵僧及所帶來的經典法寶、傳譯人材、政府官員支持。例如，前秦苻堅其祕書郎趙正，崇仰佛法，對道安法師的譯經道場給予大力支持，亦在道安法師譯場擔任監譯工作，對譯經場產生了很大影響力。

遊方的梵僧或胡僧將經典帶到長安，提供了道安法師譯經的種種資源。這個時期的翻譯以一切有部經論為主。著名的論師有僧伽跋澄、僧伽提婆、曇摩難提等人，道安法師皆請他們出經，參與《阿含經》、《鞞婆沙論》、戒經類之傳譯。

僧伽跋澄（意為「眾現」），罽賓國人，被尊稱為法匠，擅長法數相關的佛經，能背誦《阿毗曇毗婆沙》，並且深諳其中法旨。在前秦建元十七年（西元三八一年）來到長安，當時北方主流是禪數、禪觀類經典，因為僧伽跋澄擅長阿毘曇學等法數，所以大受歡迎。僧伽跋澄法師因對禪數相關之法精通，持戒精研，風格離俗，神韻超拔，長安城的法師對他恭敬服從，引以為榜樣。祕書郎趙正早已聽聞他的專長，故對僧伽跋澄極為禮遇，屢屢供養，迎請他參與道安法師的譯經道場，口誦翻譯了《鞞毗婆沙論》。

曇摩難提（意為「法喜」）是兜佉勒國人（又稱吐火羅國、睹貨邏國，今帕米爾高原西南與奧克薩斯河上游之古國），自幼出家聰穎多聞，通達三藏，能背誦《增一阿含經》，廣博多聞，被推崇「沒有他不懂的學問」，受到當時國內外佛教界的推崇。他自幼發願「要將佛法弘傳，於未聽聞佛法的地方」，所以少年即開始遊歷各國，身懷經藏，萬里弘法。

趙正在任武威太守時，對這位聲名遠揚、佛學造詣精深的法師就極為推崇。法師在前秦建元年間來到了長安，受到前秦苻堅的禮遇。當時中土流傳的佛經中還缺少《四阿含經》（雜、中、長、增一等四部阿含），趙正便請求曇摩難提來到道安法師的譯場，口誦了《中阿含經》、《增一阿含經》，之前則口誦了《毗曇心》、《三法度》等經書，總計一百零六卷，極其博學。直到後秦姚萇進犯關中，因情勢危急，才返回西域。

僧伽提婆（意為「眾天」），北印度罽賓國人，本姓瞿曇，四處遊歷拜訪名師，精通三藏，尤其精通《阿毗曇心論》，領悟頗深；又極為推崇《三法度論》，經常背誦，視為入道的法典。

法師誨人不倦，儀度溫和謙恭，深受信眾歡迎。建元十九年（西元三八三年），道安法師同門師兄弟法和，邀請僧伽提婆翻譯出《阿毗曇八犍度論》三十卷，道安法師為之作〈阿毗曇序〉；僧伽提婆並幫助曇摩難提譯出《婆須蜜菩薩所集論》十卷。建元末年發生慕容沖之亂，經過幾年亂事才安定下來。道安法師已於西元三八五年去世，僧伽提婆與法和召集門徒前往洛陽，研講經論。

經過四、五年之後，僧伽提婆對中土語言漸漸熟悉，才發現到之前僧伽跋澄翻譯的《婆須蜜》、曇摩難提誦的《中阿含經》、《增一阿含經》、《毗曇心》、《廣說》、《三法度》等經本存在某些錯誤，多處不符合原來經論之意。法和法師對以前的疏失也頗有感慨，於是請僧伽提婆重新翻譯《阿毗曇》、《廣說》等經論。後來聽說姚秦（或稱後秦，西元三八四至四一七年）非常重視佛法，於是法和再度入關，僧伽提婆則受到慧遠法師邀請前往廬山譯經。

以上所提的三位是最為著稱者。另有不少西域沙門也都是道安法師譯經場裡的重要人物。梵僧們先後到達長安，帶來梵本佛經或口誦經典，有的通曉三藏，也有略通漢語者，為道安法師的譯經場帶來佛經及人才等資源，才能讓道安法師譯場有大規模成就。

在道安法師的譯經場中，中土重要人物則有沙門竺佛念、前秦祕書郎（相當於皇家圖書館館長）趙正。當時各界都一致推薦竺佛念，是最能勝任翻譯工作者；因為他洞曉方言，而且對漢、胡語言的音義都非常擅長解釋，特別擅長佛經文字訓詁。竺佛念是涼州人，少年便出家為僧，堅定刻苦修學，聰慧有見地，博覽眾經，也涉略外學典籍。

當僧伽跋澄誦出梵文時，便由竺佛念擔任傳譯者，將梵文翻譯為漢語，並澄清字句疑難之處。建元二十年正月，曇摩難提誦出《增一阿含經》、《中阿含經》，整整兩年期間，都是由竺佛念擔任翻譯者，以及反覆核對分析經義者，可說是道安法師譯場中堅分子。後來，經典陸續傳來，如《菩薩瓔珞經》、《十住經》、《斷結經》、《出曜經》、《胎經》、《中陰經》等，都是由竺佛念著手翻譯。竺佛念的宣譯之功，被公認為是漢代安世高、三國支謙以後翻譯水準最高者。

趙正則是道安法師譯場中貢獻最大的官員，擔任道安法師譯經場裡面的監譯官。他為人清正，愛樂佛法，性情穎悟通達，內外學典皆博通。他對朝政的譏諫從不避諱，譏諫很有手腕，極為機敏。

趙正崇仰佛法，積極幫助道安譯場，許多佛經都是由趙正極力推薦才能誦譯；例如僧伽跋澄誦譯的《阿毗曇毗婆沙》、《婆須蜜》，曇摩難提誦譯《增一阿含經》、《中阿含經》，都是由趙正極力請求而誦出。尤其在曇摩難提誦譯兩部《阿含經》時，苻堅已經兵敗淝水，長安一片混亂；如果不是趙正捨身為法、極力周旋，道安法師還能召集高僧、聚集翻譯實不可能。

趙正早就很想出家，但苻堅婉惜他的才華，沒有允許。直到苻堅去世，他毅然出家，法名為道整。

翻譯經典的過程

翻譯經典的工作，一般稱作為「作譯」、「傳譯」，「傳」的意思是指口頭翻譯或解釋經義。

經典翻譯首先要有文本，或能誦譯出經典的「譯主」。其次，要有能通曉梵、漢兩種語言的「度主」，可以將誦出的經典翻譯出來；如果是筆譯稱為「筆受」，若是口頭翻譯稱為「度語」。

道安法師的譯經場，筆受指的是筆錄的工作，內容有兩種：一者，負責筆錄誦出的梵文；二者，負責把翻譯出來的內容用漢文記錄下來。如果是有梵文本的經典，要有通曉梵文的人，將梵文本考校、核對翻譯或解釋梵文文本的譯介工作，這被稱為「執胡本」。度主、筆受、執胡本的工作，通常都需要通曉梵漢兩種語言的人才能勝任。另外還需要有翻譯經典、核對文字、潤色文彩的人才等。

翻譯原則的建立

梵文及漢文兩種語言之間的翻譯，存在著語言隔閡、語法不同、相對應意思的掌握、文義的通暢、文字優美等問題。近代的嚴復先生便提出翻譯的三個層面「信、達、雅」：「信」就是正確，要忠於原文，不能離開原意；「達」則是在正確的基礎上，能夠通暢易讀；「雅」則是文采要優美。

道安法師主持佛經翻譯，當然遇到了很多的問題，必須要有一些方法跟原則來解決翻譯的問題。

道安法師第一年到長安，主持翻譯《比丘大戒》，由曇摩持誦、道賢翻譯、慧常筆受。當時道安法師還未掌握戒文是由對話體陳述，戒本文體的陳述過程通常為：遇到犯戒因緣，僧團比丘產生疑問，向佛陀乞求教誡；佛陀說了教誡，制定戒條，比丘受持，再回來轉述給僧團及犯戒比丘；僧團依戒律做羯摩，對犯戒比丘進行懲處，眾比丘皆依教奉行。中間會有重複敘述的情況。在翻譯《比丘大戒》的過程中，道安法師覺得戒文一直循環往復，便對擔任筆受的慧常說：「戒本內容明顯重複，你把那些重複的部分刪去吧！那樣比較簡潔、不繁瑣。」

當慧常聽到道安法師如此說，便避席退讓，並提出反對意見，認為不可以改簡。慧常說：「戒律是佛陀親自制訂，四眾弟子都要猶如珍寶一樣重視、遵守，戒律一直口耳相傳，比丘戰戰兢兢地持守，生怕哪一點做得不好，違背戒律、違背出家使命，甚至受到僧團以戒律懲處，因此外國沙門不敢刪改一字。在中土，《尚書》、《河洛》等經典的文字非常質樸；出於對先王法言和上天知命的敬畏，也不敢更改其文，何況我們對於佛陀的戒律！不可以因為要讓它與本土的語言習慣符合，便妄自改動，如此違背了佛陀的「四依法」（依法不依人、依義不依語、依智不依識、依了義不依不了義）之教。戒律是教授比丘規矩，一定要層次分明，寧可遵守信、正的原則，不可尋求文辭巧妙。我們將佛經翻譯成漢語已是隔了一層紗，產生一些不妥對應。最好的方式是直接學習梵文讀原文，希望法師不要刪改經文、修飾文采。」

道安法師及僧眾聽到慧常法師的說法，都認為極有道理，於是確定了翻譯戒文要保持原有反覆敘述風格，不能做刪改原文。佛經有許多重複敘述的例子；例如，佛陀在敘述十八界時——在內六根：眼、耳、鼻、舌、身、意，對應外六塵：色、聲、香、味、觸、法之間的對應，產生了六識：眼識、耳識、鼻識、舌識、身識、意識，佛陀會一一地從眼根對色塵的關聯講起，到產生內六識的過程，逐一做六對、三個層面的詳細敘述。經文會產生重誦，是佛陀苦心的講解，與中國人「好簡」的習慣不同，故佛經不能刪繁就簡。

後來，道安法師為《比丘大戒》作序時便提到：「以前翻譯的佛經，讀起來很簡約精煉，那是縮過水的，已經修改成符合中土人士的風味，不是原汁原味的佛經，已經過頗大的刪改及潤色。」

提出「五失本」、「三不易」之翻譯困難點

從東漢時期到道安法師時期，佛經翻譯經歷了許多調整，但基本上都是維持「直譯」，而不是「意譯」的方法。

道安法師後半生，長期整理、校勘佛典的經驗，雖然不通梵文，但對翻譯之道仍有若干心得。在我國翻譯學史上，道安當是第一位對譯學有獨特看法者，他提出了「五失本、三不易」的翻譯困難點，「五失本」便主要涉及直譯與意譯的取捨問題。

道安撰〈摩訶鉢羅波羅蜜經抄序〉，曾指出「五失本」、「三不易」。「五失本」是指，將梵文佛典譯成中文，會產生五種與原文不盡相符的地方，此即其所謂的「五失本」。

第一失本：梵語的句法結構與中文不同，譯成中文時必須改成中文句法，佛經文本相貌已經改變。

第二失本：在文詞上，佛典敘事樸直，不尚修飾；中國人雅尚文采，因此翻譯時常加潤飾，以迎合國人習慣。如此一來，可能扭曲了原有之意。

第三失本：在內容上，佛典敘述事情詳細，常一而再、再而三地反覆申說，而翻譯時每將此等原文刪除。

第四失本：對於原文中的某段解釋文章，翻譯時常加節略。

第五失本：佛典原文中，長行文已敘說了一遍，又在其後段重頌，再一次重複收攝；然而，這段收攝的文字，在翻譯時經常被刪節。

五失本中，第一點涉及語言表達習慣，第二點涉及語言風格，其餘三點都是涉及刪除重複的經文。第一點因語言表達習慣造成所謂的失本，這是無可厚非，所有的翻譯都會面臨這樣的問題。第二點，不同的語言其風格就有差異，應不應該改變原來文本的語言風格，一直是有爭議的。其餘三點，刪除原本重複的部分、以及不合時宜的內容，這是對梵文原本的改動，是不應該、也不符合翻譯原則。佛經翻譯最重要的工作，就是把經文原有的意思翻譯出來，正確表達佛經原意才是最重要。

「三不易」則是佛經翻譯時三種不易表達的情況——

第一不易：佛陀說法是根據當時情況因時而說；如今時過境遷，要使古俗適合今時，便要刪掉那些古雅的內容，以適應今人的習慣，實為不易。例如，佛陀講三達之心，即佛之三明（天眼、宿命、漏盡），今人不懂，實為不易，一不易也。

第二不易：要把佛陀聖者的微言深義，傳遞給凡愚之人理解，時間又距離千年之久遠，這是第二不易。

第三不易：佛經結集當時，都是大智慧、大神通者，現在卻要由一般凡人來傳譯，這更是不容易的事。在經藏結集的時候，由阿難誦出經文；那時佛陀才去世不久，又有大迦葉等五百阿羅漢尊者審定阿難所誦出的經典，是何等審慎。如今我們距離佛陀有上千年之久，卻要用今人想法去揣測佛經聖意；那些大阿羅漢都是出離生死之人，尚且兢兢業業，何況我們這些尚未脫離輪迴生死之凡夫，反而更加勇敢嗎？怎麼可以不審慎呢？此三不易也。

「三不易」的第一點是涉及刪除過時內容，其餘兩點都是涉及佛經領會的困難，聖意難以直接表達，都不是涉及翻譯的操作方法問題。

翻譯問題牽涉到直譯與意譯之間的取捨問題。語言之間的轉換、語言習慣及文化差異，差別很大，完全直譯是行不通的，必須有意譯來輔佐。直譯雖然強調遵循文本，如果不考慮變通會變成死譯，無法理解文本的深層涵義；而使用中土語言習慣、熟知用語等結合文化的意譯，卻能表達出效果。因此，如果可以在尊重文本的前提下，輔以意譯讓譯文的效果提升是最好的。經由直譯與意譯結合的辦法，調整詞語的意思、字詞的潤色、文采修飾，使它符合本土語言習慣，這是一種輔助方法，讓翻譯更加完善。

道安法師對佛經的態度是極為嚴謹，終究採取不可以隨意改動佛經文本內容的直譯方式。雖然在審慎思量翻譯的方法時，曾經提出要刪改佛經的重複內容，但並沒有真正實施，並認為刪改是不適的做法。對於要求文字之美或者以適合中國習慣、卻不忠實佛典原來義理的翻譯筆法，則持反對意見。他寧願容忍翻譯筆法不夠文雅，但必須能表達經典原意的正確性、通達性之嚴格要求。

至於道安法師對佛經文本的審慎態度，可由一例窺見。前秦建元十九年，道安法師主持翻譯《阿毗曇八犍度論》，是由罽賓國沙門僧伽提婆口誦經文，竺佛念翻譯。當翻譯接近尾聲時，道安發現僧伽提婆在口誦時加入不少自己解釋的語句，他認為絕對不可如此，等同魚目混珠，便請僧伽提婆重新背誦經文，四十六天不敢鬆懈，才重新整定了這部經論的內容，除了必須保留的解釋以外，僧伽提婆加入的內容全部刪除，前後改計有四卷之多。由此可見道安法師對佛經文本內容的態度相當嚴肅審慎。

佛典傳入中國後不久，能夠察覺到這類文化轉移可能造成的問題，窺見「翻譯不當，便是叛逆經文」之嚴重性，並提出敏銳的觀察與見識，較之當時的其他僧人，道安實有高明之見。

當道安法師主持完翻譯《增一阿含經》，曾安慰地宣布：「兩部《阿含經》共百卷，加上《毗婆沙》、《婆須蜜》、《僧伽羅剎》等五大部，能傳入中土，是很優秀的翻譯工作。」後來雖然有釋道慈評判：「這些文本不夠符合原文旨義。」但這是後人的批評，已有充沛的經典來源及譯師傳授經義等資源。道安譯場翻譯佛經是處於探索階段，艱辛地摸索前進；雖仍不夠成熟，但從過程中頗能體會其字斟句酌的戒慎恐懼。

翻譯戒本是道安法師最深的願求

道安法師於建元十五年（西元三七九年）到達長安，便遇到了擅長阿毗曇及戒律的曇摩持，立刻請他誦出《十誦比丘戒本》，這是說一切有部的戒本，是一部完整的比丘戒本，包含了完整五篇七聚的所有戒條二六〇戒（此戒本現已失佚）。

當他誦完最後一篇屬於突吉羅（梵語 duskrta，意為輕罪、小過）的「眾學法」（大部分是威儀戒，最小戒），共誦出了一百一十條，比道安所知的多出三條。道安法師覺得曇摩持是否背誦錯誤，但曇摩持堅定第說：「我持律一直靠背誦，十條一組，不可能多誦。」後來，由僧存等帶來的《比丘尼大戒》中的眾學法也是一百一十條，道安法師才明白曇摩持背誦無誤。不過，現存的《十誦比丘戒本》，也是眾學法一百零七條，與道安法師的聽聞相符。這多出的三條，可能是戒本在流傳過程中經由某些地區之增補而成。因與現傳戒本不同，故現此譯本已失佚。

僧存、曇充從龜茲歸來，也是說一切有部為流行的地區，帶來長安《尼受戒大法》、《教授比丘尼二歲壇文》、《比丘尼大戒》三種有關戒律的法本，在建元十五年十一月都儘速翻譯出來。因為戒律是道安心中最深願求，僧眾能如法受戒、誦戒、持戒，慧命方能獲得依持長養。僧純則得《比丘尼大戒》戒本；當時龜茲佛教領袖佛圖舌彌不肯令此戒來東，僧純等求之至勤，才能東傳。道安法師悲嘆說：「大法流傳中國五百餘年，如今才見《比丘尼大戒》，外國沙門也太難為人了。」

《比丘尼大戒》是曇摩持與竺佛念翻譯；《尼受戒大法》、《教授比丘尼二歲壇文》是曇摩持與佛圖卑翻譯。道安法師感嘆：「如來將戒律置於戒、定、慧三學之首，無論在家、出家都應該以戒律為基礎。持戒是保有人身修行的基本條件，即使只有少許時間對戒律不恭敬、怠慢，想不入三惡道也未有所聞。故如來將戒律置於首要。」

前秦建元十八年（西元三八二年），道安法師又遇到善於誦律的罽賓國沙門耶舍，又請他誦出完整的《鼻奈耶》——即《戒因緣經鼻奈耶》；此經是講述種種戒律因緣之戒經，並非戒條，「鼻奈耶」就是律的意思。從前秦建元十八年正月十二日開始，到三月二十五日完成。剛翻譯出來的時候只有四卷，後來在流傳過程中改成十卷。這是中土第一部戒律大本經，道安法師感動地說：「從此以後，前秦也有一部完整的戒律大本！」道安法師之所以對戒律如此重視，乃因戒律為僧眾安身立命、證悟解脫的金剛鎧甲，亦為行事之所依。

所翻譯的經論

道安法師建元十五來到長安，建元二十一年（西元三八五年）去世；這六、七年之間，他大力推展佛經譯經場，翻譯出來的佛經約有十四部、一八三卷，百萬餘言。他為所譯佛經一一寫序言，介紹其重要內容，以便學習者容易掌握理解經義；並介紹經論的作者、譯者、版本、異譯本等，加以品評、考定。

道安譯場翻譯的佛經包括：《十誦比丘戒本》一卷、《比丘尼受大戒法》一卷、《教授比丘尼二歲壇文》一卷、《比丘尼大戒》一卷、《鼻奈耶》（亦名《戒因緣經》、《戒因緣經鼻奈耶》）十卷、《阿毗曇抄》四卷、《四阿含暮抄解》兩卷、《摩訶鉢羅若波羅蜜經抄》五卷、《鞞婆沙阿毗曇論》十四卷、《阿毗曇八犍度論》（又名《迦旃延阿毘曇》）三十卷、《尊婆須蜜菩薩所集論》十卷、《僧伽羅剎所集經》三卷、《增一阿含經》四十一卷、《中阿含經》五十九卷。

此外，道安譯場也譯出《廣說》、《阿毗曇心論》（現存漢譯本《阿毘曇心論》四卷，為晉太元十六年由罽賓沙門僧伽提婆在廬山為慧遠譯出）、《三法度論》（為《四阿含暮抄解》的異本）、《二眾解脫緣》等，但這幾本都不完善，很快就被重譯了，故不列數中。

以下簡介經論譯作過程，或可進一步了解其間之謹慎與艱辛。

《鞞婆沙阿毗曇論》，又名《鞞婆沙論》，屬於說一切有部論典，由古印度尸陀槃尼著論。這部論由罽賓國沙門僧伽跋澄誦出，曇無難提梵文筆受，佛圖羅剎傳譯，敏智漢文筆受。關於論藏，各部說法不同，道安法師應是採說一切有部的說法。道安法師說：「印度有三位阿羅漢註疏過阿毗曇，此本由尸陀槃尼註疏者，最為恰到好處，廣受歡迎。」道安法師給予很高的評價：「這部論就像大海，深廣浩瀚，亦如崑崙山巍峨高峻，蘊藏著無數的珍寶妙藏。在此論中，有什麼是你找不到的呢？」「阿毗曇」深奧精確，論說佛法詳細精緻，屬佛法修行進階之論。

《阿毗曇八犍度論》三十卷，也屬說一切有部阿毗曇論典，由說一切有部論師迦旃延尼子所著，故又名《迦旃延阿毗曇》（此迦旃延並非佛陀十大弟子之迦旃延）。此論僧伽提婆誦出，竺佛念翻譯，慧力、僧茂筆受。在印度被稱為「有部身論」，表示是有部論的主身，是說一切有部基本體系之論，影響應機極為廣大。

《增一阿含經》名為「增一」，是以法數為核心。法數就是法一、法二、法三，乃至法十等遞增；此《增一阿含經》有十一法，也是名為「增一」之源。此經由曇摩難提口誦梵本，竺佛念譯傳，曇嵩筆受，共得四十一卷，共四百七十二經。曇摩難提誦出了上部二十六卷，此上部的錄偈全具；但下部的十五卷，每品或者大段落末尾原來都錄有偈頌，背誦不夠完整，未加翻譯。前秦建元二十年夏天至隔年春天譯畢，不久後道安法師便去世了。

這部經因後半部不全，後來又由沙門僧伽提婆重新略加改訂增譯為五十一卷，所以現行本遂多題名為東晉瞿曇僧伽提婆譯。《增一阿含經》雖由曇摩難提誦出，但其初譯本和增補本都是由竺佛念譯為漢文。另《中阿含經》共五十九卷，隔年也譯出。

道安法師主持翻譯的經典中，一些是由道安派去西域、涼州求法的僧眾所帶回來的，也有部分是由傳法法師所帶來的，如《比丘尼受大戒法》一卷、《教授比丘尼二歲壇文》一卷、《比丘尼大戒》一卷、《阿毗曇抄》四卷、《四阿含暮抄解》二卷、《摩訶鉢羅若波羅蜜經抄》五卷、《尊婆須蜜菩薩所集論》十卷、《僧伽羅剎所集論》三卷等皆是。

建元十八年，鳩摩羅什提帶來《阿毗曇抄》（阿毗曇論的摘抄）與《四阿含暮抄解》（又名《四阿含抄》），是《阿含經》的釋經論，並非經文的摘抄）。道安法師獲此二論，馬上組織翻譯，夏天譯出《阿毗曇抄》，冬天又譯出《四阿含抄》。建元十八年八月，道安法師回到鄴城祭拜佛圖澄，仍然帶著譯經團鳩摩羅什提、竺佛念、佛護等；他們由陝西長安出發，經過山西，到達河北鄴城，在旅程中繼續翻譯《四阿含暮抄解》，在當年十一月於鄴城完成。道安法師很高興地說：「一年中有了兩部藏。」《阿毗曇抄》、《四阿含暮抄解》都是後來的論師所作；不過，道安法師當時的概念是極為恭敬法，將這些西域傳入中土的論師著作也視之為經藏。現今已知《四阿含暮抄解》這部論是印度沙門婆素跋陀所作，並非經藏。

《摩訶鉢羅若波羅蜜經抄》是一部大乘般若經典，於前秦建元十八年，西域車師國前部王彌第向前秦朝貢，由國師獻上這部胡本的般若大品經。道安法師在序文中提到：「這部大品經有二萬偈誦，每個誦有三十二個音節，結果只有一萬七千兩百六十個誦，譯出的偈誦數目略為減少，不知是否大約寫成整數。」可見道安法師對於經文是否缺漏的態度極為審慎，不敢大意，以尊重佛法。

道安法師獲得這本般若經典，非常重視，因為道安法師就是般若學重要弘揚者，對《放光般若經》與《光讚般若經》都極為深入研究，並且講經及註釋。

《放光般若經》有所刪略，《光讚般若經》較為全本；此次翻譯此大品般若經，就是採取與《放光》、《光讚》兩部般若經內容對照翻譯。與《放光》、《光讚》兩部經內容段落都相同者就不再翻譯，與兩部般若經的原譯有遺漏者，則從此本《大品經》翻譯補充出來。也有此部經與前兩部經內容不同者，有部分難以判斷正誤，也直接翻譯出來，並加以解說；所以，此《大品經》的翻譯與《放光》、《光讚》有依存關係者共有四卷；內容差異性比較大的經文，則單獨成一卷，前後加起來共五卷。此《大品經》被視為類同於《放光》、《光讚》的異譯本，也是此二部經的摘抄經文，不過早已佚失，無法比對現今經文之異同。

由道安法師所作《大品般若經》之序，可約略了解其翻譯過程，看出當時佛經翻譯摸索過程與未解全貌之難處。第一點，站在佛教經典弘傳第一關的譯經團，當時還不清楚般若經典有哪些系統，其間有何關聯，《大品經》與《放光般若》、《光讚般若》有何關係？因為在東晉之前所見般若經有限，故道安法師做了《大品經》與原來這兩部經典的比較後，原以為是異譯本，這些經典同一體系，只是內容豐富與簡約差別而已。第二點，道安的作法是將《大品經》新出的內容另外別出一卷。因當時般若經典傳入有限，並不了解般若經有大品般若經與小品般若經系不同，《放光》、《光讚》、《道行》等都是小品經，與此《大品經》不同。大量般若經是待鳩摩羅什來華才傳入，並非道安法師當時所能理解。道安法師只是將內容不同的部分別立一卷，並不符合經典的原本架構，等於有了錯位。

看到道安法師翻譯這部般若經的摸索過程，不禁令人感嘆求法之不易，佛法浩瀚而難窺其全貌。遇到了一部新的經典，因緣有了，卻沒有前輩解說系統，讓新接觸者了解。道安法師是開荒拓土先賢，只能摸索著前進，以有限之知，去學未知之無涯，還是奮力向前，想窺探其貌。

佛教是生命智慧，值得投注生命奉行。乃至後期西行求法的學問僧如玄奘大師者，也是感嘆經典不足，眾說紛紜，不知所依，何者為正，才會冒著生命危險勇涉流沙、或度大海，西行印度取經，盼能取得真經以解生死大惑。

《尊婆須蜜菩薩所集論》為罽賓國沙門僧伽跋澄帶來長安，共有十卷，是說一切有部的基本理論。由竺佛念傳譯，僧伽跋澄、僧伽提婆、難陀執胡本，慧嵩筆受。此論現存。

古印度沙門僧伽羅剎所著作《僧伽羅剎所集經》三卷，亦由僧伽跋澄帶來梵本。此經講述與佛陀有關的本生故事。由竺佛念翻譯，慧僧筆受，道安、法和等校對。譯經時期正值前秦苻堅兵敗、慕容沖攻打長安；在混亂政局下，道安法師穩住大眾僧翻譯，實屬不易。

道安帶領著僧團，在戰爭頻仍、朝代更迭下，讓本土佛教能夠逐步穩定下來；又能勸發國主護持佛法，可見其大願大行。而且，已過古稀之年，對佛法仍精進不懈。他在《四阿含暮抄解》序中說：「到了七十多歲才遇到這部經，恐怕沒有時間細讀了，真是令人遺憾；倘若能再多活幾年，就不會錯過經義薰習了。」可見道安法師學佛之精勤！

與鳩摩羅什之因緣

鳩摩羅什大師才智過人，深明大、小乘佛學，在西域早已名聞遐邇。前秦建元十五年，在長安五重寺，參加道安法師譯經場的沙門僧純、曇充等自龜茲歸來，多次聽聞鳩摩羅什法師講法，便將鳩摩羅什法師的佛法修持及種種事蹟介紹給道安法師。

法師甚為欣慕羅什的才學，希望有因緣能跟他一起研讀佛經，決議疑難。

因為晉土經典弘傳不足，難以決疑；如果能請到鳩摩羅什法師同來切磋，實為佛門之大幸。所以，道安法師經常勸說苻堅派人前往西域，邀請鳩摩羅什大師來到中土傳法。

鳩摩羅什法師是曠世奇才。自幼學佛，七歲同母親出家，始學說一切有部《阿毗達磨大毗婆沙論》，時人譽為「神童」，能日誦經千偈（即三萬二千言）。九歲與母親同前往天竺（今印度）北部的罽賓國（今喀什米爾）學法，精通梵文，十三歲便登高座說法，能解種種疑難。

遠在西域的鳩摩羅什大師，亦曾聽聞道安法師聖名，並稱讚道安法師是「東方聖人」，也經常遙對中土向道安法師禮敬。

道安法師、鳩摩羅什兩位大師，是中國佛教史上兩大佛學領袖。道安法師歷盡滄桑，篳路藍縷，讓印度佛教根植於中國本土，過程艱辛困難，為中國佛教奠定穩固基礎。道安法師去世十六年後，鳩摩羅什才歷經滄桑地到達長安，

「什恨不相見，悲恨無極」。鳩摩羅什來華翻譯大量佛經，宣說了眾多佛學義理，開創了中國佛學新氣象，將中國佛學帶入了成熟發展時期。

鳩摩羅什與道安法師前後輝映，照亮了中國佛教廣大而精微的開展遠景。

推動重要佛門風氣及儀軌

中國佛教有些風氣及儀軌，是道安法師為了四眾更能發菩提心修行而推動的。

推定佛誕節為農曆四月八日，舉行中國式行佛法事

佛誕節日期有二月份或四月份之說。印順法師在《佛教史地考論》中說

明：「如道安《二教論》注說：『春秋（時代的）四月，即夏（曆）之二月也；依天竺用正與夏同。』」道安法師明確推定佛誕節是陰曆四月八日，而非在二月，成為中國佛教的傳統說法。

四月八日的行佛儀軌，也因道安法師舉行過盛大行佛，成為中國式行佛的典範。道安法師在襄陽時期新建檀溪寺，因建造莊嚴萬斤金銅佛，故舉行浴佛行像法事。佛教自印度就流行在浴佛節舉行「行像」法事：將佛像放在裝飾嚴麗的大象背駝之上，或放在莊嚴的車輿之上，然後繞境行佛，以感念佛恩，為天下百姓祈福。道安法師在浴佛節當天，在檀溪寺通往萬山的路上，舉行佛繞境法事，令前來瞻仰禮敬佛像者皆能發起恭敬供佛之心，種下無量善根。

此佛像「行像」法事，非始於道教之繞境，而是佛教歷來的傳統。道安法師留下了儀軌良好典範，以勵四眾發起景仰佛陀之菩提心。

中國大小乘判教思想的先鋒，樹立性空爲本、兼弘大小乘之風格

道安的弘經演教，是四方徒眾前來受教聞法的最大動力，其學貫古今、判教分明，使四眾能明瞭所學為何系統之經典，才能依講演之經教修行。因此，判教分明也是依附者學習經教的選擇。

中國判教思想的先鋒應該有三位，包括居於南方、著有《辯三乘論》的支遁，北方則有道安、慧遠；他們並沒有真正進行日後所謂的判教工作，但他們已意識到大、小二乘教典和教說是兩個不同的傳統。三位大師中，道安佛學思想非常全面，注解過多種大、小乘經典，對大、小乘經典之判定非常清楚；日後鳩摩羅什及慧遠會嚴格判定大小乘經典，也是受道安之影響。

道安於〈鞞婆沙序〉判定：

阿難所出十二部經……其後別其逕至小乘法為《四阿含》，阿難之功於斯而已。

道安明白小乘三藏的來由，並以《阿含經》為小乘經典。至於解說大乘經典，道安於〈鼻奈耶序〉說：

隋天竺沙門所持來經，遇而便出，於十二部，毗曰羅部最多；以斯邦人莊老教行，與方等經兼忘相似，故因風而行也。

「毗曰羅」是「十二分教」之一種，意譯即「方等」，指廣說甚深法義的經典，「方等經」一向被大乘教徒視為大乘經的別稱。道安嘗言《文殊師利問署經》、《內藏百寶經》、《法鏡經》、《普曜經》、《頂王經》、《內外六波羅蜜經》、《菩薩道地經》、《披陀菩薩經》、《目佉經》等九部經典出自「方等部」；現這九部經典除後三部失傳不可考外，其餘六部均屬大乘。又，《出三藏記集》記竺法汰曾問道安「三乘義」，使道安非常留心大小乘經典之釐清，成為中國大小乘判教思想的先鋒。

道安樹立性空為本，兼弘大小乘之風格；保留了眾多經典，融貫該綜，使中國佛教保留大小乘巨量佛經，故能開創出廣大精深局面。印順法師在《佛教史地考論》說道：

中國佛教之流行，且千九百年。自其承受於印度者言之，可分為二期：一、漢、魏、兩晉所傳，以「性空」為本，兼弘大小乘，相當於印度佛教之中期。二、南北朝、隋、唐、北宋之所傳，以「真常」為本，專弘一大乘，相當於印度佛教之後期。自其流行於中國者言之，亦可為二期：一、上自漢、魏，下迄隋、唐，為承受思辨時期（約偏勝說）。……確樹此一代之風者，襄陽釋道安也。

也就是說，道安法師樹立了中國佛教性空為本，兼弘大小乘之風格，讓佛教於中國傳承時能大小乘兼容並蓄，致使大小乘經典都能弘傳保存，而不是只保留了大乘或小乘經典，開創中國佛教廣博精深、氣勢恢宏的廣大局面。

以飲食供養賓頭盧頗羅墮尊者之開端

道安法師晚年註釋佛經時，深怕會不合法義，不知有什麼方法可以解決疑慮。他心裡便發願：「如果我的註經解釋合於義理，希望讓我見到瑞相，藉此印證。」

道安法師某日便夢見一位外國沙門對他說：「你所註釋的佛經，都很符合法義。我現在還不能入涅槃，仍在西域弘揚佛法；如果你能供養我食物，有助於我弘法。」這個祥瑞的夢境令道安法師非常感動，便讓門人設一個供案，供養此梵僧食物。直到後來《十誦律》傳入中土，慧遠才知道道安法師所夢見的梵僧是賓頭盧頗羅墮尊者（Piṇḍola Bhāradvāja）。「於是立座飯之，處處成則。」後來各處寺廟皆立一座案飯食供養，成為法則。

在《諸經要集．聖僧緣第四》提到「賓頭盧大阿羅漢受佛教勅，為末法人作福田」的儀軌，原經典出自劉宋沙門釋慧簡譯《請賓頭盧法》。末法時期聖僧難得，阿羅漢難遇，能供養現前阿羅漢前來加被，可廣植無量福德，或可參考之。

洗浴聖僧之法的流傳

在道安法師往生前，由前來五重寺掛單、能從窗戶縫隙間出入的神僧點化道安法師，用洗浴聖僧儀軌，必能達到求生彌勒淨土的願望。

洗浴聖僧的方法，可達到消除業障及修無量福德的功能；此儀軌透過道安法師而流傳後世，讓大眾植福。《高僧傳》、《僧祐錄》、《開元釋教錄》等十餘處提到「請聖僧浴文」，但已失佚原文。《開元釋教錄》提到是「宋天竺三藏僧伽跋摩譯」。劉宋（西元四二〇年）劉裕篡東晉而立國，已是在道安之後；「請聖僧浴文」的方法，可能因道安弘傳因緣，後來更加興盛，在大藏經各類佛典中出現十三次之多。

在道安之前，洗浴聖僧也早有譯經提及；可能當時因經典流傳不易，道安法師當時還不知此儀軌。後漢安息三藏安世高已翻譯《佛說溫室洗浴眾僧經》，便提及洗浴聖僧功德，大意是：耆域（即醫王耆婆）因眾生不拘禮法，不曾修福業，故請佛開示修福之法。佛為開示《溫室洗浴眾僧經》：能請佛及諸眾僧，入溫室洗浴，以及用各式各樣的藥來療眾病，供養大眾僧洗浴除垢穢，能植無量福德。佛陀並開示澡浴方法，準備燃火、淨水、澡豆、蘇膏、淳灰、楊枝、內衣七種物——這可能也是道安籌備浴僧所用之物，能除去七病，獲得七福報。

經文末尾，佛陀再一次以偈頌重新告訴耆域，在三界的人天品類之所以有高下不同，都是取決於他的福德多少；由於先世用心不等，修福的心念不一樣，才受福報不同。佛說，能如此受諸福報，皆由洗浴聖僧所獲得。

隋朝淨影寺沙門釋慧遠，也就是撰述《無量壽經義疏》內含之「無量壽經科判」的慧遠法師（並非淨土宗初祖東林寺慧遠大師）。他撰寫《溫室經義記》來弘傳本經，被譽為是修福的「法門大幸」：「佛陀開示洗浴聖僧的方法，是佛陀利他之德，以此行門勸化眾人能同修，讓眾生得無量福。因為人天的福報不夠具足，要從僧眾中來修福德，所以有洗浴聖僧的方法。洗浴聖僧的行為最為妙真，可以出生真實的福田。」

此外，佛教最大的佛事法會——水陸法會，其儀軌中別設置了「湢室」洗浴之處所，應該亦是從洗浴聖僧儀軌衍生而來。經典多處提到，上供諸佛菩薩及僧人有福德，下施一切眾生也有福德，故為召請來參加水陸法會的牌位有情眾生洗浴。儀軌之緣起，乃因眾生自卑，在聖光雲集的佛菩薩面前難免自慚形穢，故特別把要祝福對象的牌位、以及代表六道眾生的牌位，放進湢室沐浴，經過沐浴咒及天衣咒的洗禮，讓他們煥然一新，然後暫住於壇前禮敬三寶；等晚上宣說幽冥戒完成後，才將他們安立在內壇的席位之中。

凡此洗浴聖僧或洗浴牌位儀軌，實有賴於道安法師的因緣而廣加流傳。

道安大師的思想及創制，可說是濃縮版的魏晉佛教思想制度形成史。在艱辛草創中國佛教的雛形下，摸索著建立出一套適用於當時的佛教制度，深深影響後世的佛教發展。

民初國學大師梁啟超在其《佛學研究十八篇》中讚歎道安法師對於中國佛教的貢獻：「使我佛教而失一道安，能否蔚為大國，吾蓋不敢言。」又說：「佛教之有安，殆如歷朝創業期，得一名相，然後開國規模具也。」不僅思想及創制深深影響魏晉佛教思想與制度之形成，道安法師的僧格也是當時佛教一代高僧之代表，無怪乎被譽為中國佛教第一位完人。

若論對後世的影響力，最主要的是其著述及法脈傳承。道安之師佛圖澄攝受力大，受業徒眾前後萬人；明師高徒，大弘法化，與道安共同弘法。道安在襄陽或長安時所領導之僧團，都成為當時佛教中心。道安法師的攝受徒眾力量廣大，早在河北避難時期就廣弘佛法，跟隨道安法師受學者人數極多，當時改服從化而有「中分河北」之說，可見道安法師德行為弟子所欽重。

因道安精進佛道，講經不輟，大小乘均弘，精通佛理，身體力行，修學禪定，組織僧團戒律嚴明，師徒相互尊重，故頗具影響力。南下襄陽時，帶領四百餘弟子，並偕有德之僧同行同化。在道安法師的言教身行下，教導出道心堅固勤習佛法的弟子。

嚴師出高徒，天下有志學道之士紛紛投其門下，秉承師學，法脈代有高僧傳人，弟子們以自己的根器學師一端或綜合數端，成就一代宗師者不乏其人，足見道安法師在中國佛史上之重大影響。

道安僧團中多人是他於佛圖澄門下的師兄弟，輔佐道安弘法，或獨立一方弘化，《高僧傳》中皆有傳記。道安徒弟往往數百至數千人，法嗣在《高僧傳》中記載有多人：博濟群迷、殷勤弘法為志者，有釋曇徽、釋法遇、釋曇翼、釋慧遠、釋慧持、釋曇戒、釋慧永、釋道立、釋道壹、釋道生、及曇壹、曇貳（附於竺法汰傳中）諸人。以下僅擇二人簡述之。

釋僧叡——中國最早的佛教思想評論家

有說僧叡即慧叡，因生卒之年皆八十五歲。在道安座下後來成為一代宗師者，有僧叡及慧遠兩位大師，僧叡也是鳩摩羅什大師門下四傑之首（餘為道生、僧肇、道融），甚為羅什所器重，為門徒中地位最高者。僧叡學行多師承道安法師，僧叡於其多篇序文皆尊道安為師，稱「亡師安和尚」、「亡師」。

僧叡學無常師，四處求學，精益求法，二十四歲時，已遊歷豐富，隨所到處皆能講經說法。二十七歲於雲遊之際遇見道安，便執弟子之禮，結束雲遊生活。二十八歲時，於道安座下，佛學日精，又參與了《四阿含暮抄》之翻譯工作，佛學義理更加精確。

晉孝武帝太元十年（西元三八五年）二月八日道安示寂後，因政治動盪，局勢混亂，僧叡乃遠赴西蜀，復入廬山參學慧遠，並與之共修禪法與彌陀淨土。

後又入關，隨師鳩摩羅什大師，含吐文采彬蔚，更成為譯場中最主要幹部，擔任筆受與參正。鳩摩羅什大師在長安的譯經，主要以般若經為主，所譯出的《大品般若》、《小品般若》、《大智度論》、《中論》、《十二門論》及《思益》、《法華》等經，都由他寫序，顯示其在羅什譯場中的重要地位。

鳩摩羅什大師非常欣賞僧叡對佛教義理之深入。有一次，羅什讚歎僧叡：「對文義隱晦難明之《成實論》，其中有七處文破毗曇，皆能解出，可謂英傑之才。」且對僧叡說：「我在華地傳譯經論，有你這樣的弟子協助，真是此生無憾啊！」此後，鳩摩羅什的重要譯經大都經過僧叡之手，對僧叡無比信任。連後秦國主姚興也稱讚僧叡為「四海標領」、「美聲遐布，遠近歸德」。

僧叡對譯經態度顯係稟承道安，對道安的般若思想評價甚高，稱其「鑿荒塗以開轍，義不遠宗，言不乖實」，意即道安披荊斬棘開般若先河，義理契合宗旨，言詞不離實相。

而僧叡對禪定始終極為重視，將禪法與般若結合，先從道安法師那裡修習學，僧叡感嘆道：「如果缺少佛經，還足以讓人明白因果報應之說；但是不傳禪法，修道就找不到安心之門。」後來鳩摩羅什至長安數日後，即前往拜謁，僧叡請羅什譯出《禪法要》（即《坐禪三昧經》），此是重要禪經，能作為自己修習禪法的參證。為《關中出禪經》作序，開宗明義便說：「禪法者，向道之初門，泥洹之津徑也。」深讚禪法乃趣向佛境，離苦得樂之津梁。僧叡可說體現了「禪」、「智」雙運之大乘思想特色。

僧叡是中國最早的佛教思想評論家，也是最早的佛教思想史學家。道安法師投入佛教東傳以來的經典整理，著有《綜理眾經目錄》，僧叡則是著重於評述佛教東傳以來的理論發展。在僧叡所寫的諸經論序言中，對當時的佛教思想評論頗為權威，並傳遞重要的史料價值；在僧叡晚年所著的《喻疑》，更是佛教史上最重要的評論書之一。

僧叡對道安法師的性空學理論雖然評價頗高，但就般若學的圓滿來看，尚微恨不能盡意。僧叡對當時中國佛學各派的評論，都能持論公允，不偏袒一家之言；僧叡也學習道安對佛教理論兼容並蓄的精神，兼容空、有二宗的做法，深深影響了僧叡的佛學思想。之後雖然跟隨羅什大師受教，翻譯了極多的般若經籍，對般若思想有深切之體認，但僧叡還是認為任何大乘經典思想各有長處，般若性空學並不代表能取代其他經論，各種經典都有精要義理、應機妙用。如僧叡在《喻疑》中所說：

小乘可以祛染滯，般若可以除虛妄，《法華》可以開究竟佛境界；佛學經論各有妙用，不可偏執。

僧叡念佛達到能預知時至的境界。有一天，忽然集僧眾道別說：「吾生平是願往生西方極樂淨土，如我所修而言，應該當得往生；但因平時身口意三業，或許有些違逆之處。願阿彌陀佛施我大慈，為永劫法朋。」僧叡說完，便自行沐浴、燒香禮佛，回坐到椅上，面向西方，合掌往生。是日，同寺僧眾皆見到五色香雲從僧叡房裡湧出，知道僧叡必定往生西方極樂淨土，時宋元嘉十三年（西元四三六年），春秋八十有五。

其著作計有：《喻疑》、〈大品經序〉、〈小品經序〉、〈法華經後序〉、

〈思益經序〉、〈毘摩羅詰堤經義疏〉、〈自在王經後序〉、〈關中出禪經序〉、〈大智釋論序〉、〈中論序〉、〈十二門論序〉，以上皆出於《出三藏記集》；另有〈出曜經序〉、〈維摩詰經序〉、《淨名經集解關中疏》（道生、僧肇合著）等。

釋慧遠——中國淨土宗初祖

慧遠受道安之命，與其弟慧持等四十餘人南下弘法。途經廬山之地（現今江西省九江市），見此處清靜秀美，是修道的好地方；加上同學慧永之邀請，便決定棲足於此處修行。前來依止者越來越多，西林寺顯得過於狹小，於是慧永便出面對江州刺史桓伊說道：「遠公來到廬山弘揚大法，四方徒眾聚集西林寺，地方偏狹不足相處，懇請您為遠公另立殿寺。」

桓伊便在廬山西林寺東邊不遠處建了一座寺院供慧遠弘法，名為東林寺。

東林寺環境優雅，青山疊翠，風景極為幽靜，是修行好處所；數年之間，英俊賢拔之士達三千多人。慧遠又在寺邊另建供禪坐用的精舍，凡來此處修行之人皆能感受到神清氣爽。

慧遠遁居山林，三十年不出廬山一步，但繼承其師道安「不依國主，則法事難立」的原則，不斷向社會高層傳播佛法。東晉大臣桓玄，權重一時；有一次帶兵進攻荊州，經過廬山，風聞慧遠之名，派遣使者來請慧遠下山相見，慧遠指著虎溪，「送客以虎溪為界，絕不越過虎溪一步」，使者只好告退。眾人都因為桓玄自負甚高，令人畏憚，深怕慧遠拒絕會惹出事端；慧遠卻處之平淡，告誡眾人，只宜修道，勿事他想。

桓玄的要求雖受婉拒，反而對慧遠感到敬佩，便決定往廬山一睹慧遠風采。桓玄入寺之後，仔細打量慧遠，覺得慧遠這般高逸之才，對事物有精深獨到看法，如果能夠為己所用，定能如虎添翼，得以平定天下。

桓玄想用慧遠之意甚明，但拐彎抹角地說：「沙門剃髮出家，豈不與孝道相違背嗎？」慧遠回答：「出家乃三世諸佛清淨幢相，能以清淨質樸之身，弘宣無上妙法，豈是世俗之書可以度量？」桓玄就不再言，轉向慧遠討教天下大事。慧遠與東晉名流向來交往，對於時事縱橫論議，皆能中肯，桓玄深以為然。

桓玄感受到慧遠的深見，於是便向慧遠討教此次爭戰勝負的機率；慧遠只對天下戰亂深感憂慮，既不預言吉凶，更不肯當面阿諛奉承。其氣節與學識，讓桓玄覺得是此生所見之人中最值得敬重者，只能告辭下山。

數年後，桓玄有稱霸天下之心，想網羅英才，又想到了慧遠，再派人書信勸慧遠還俗為官；慧遠一再謝絕，桓玄仍不死心，又再修書極勸慧遠還俗從政。三番五次苦請，仍不為所動，便苦笑做罷。桓玄僭位以後，曾經想對佛教多加限制，也曾下令整肅佛門、淘汰僧尼，但始終對慧遠極為敬重，下令廬山道場不在搜檢範圍內。

晉安帝路經潯陽，慧遠稱疾，仍不肯出虎溪一步。慧遠對人平等相待不分親疏，官宦名士對他更加尊重，一時名士望風遙集，如劉遺民、雷次忠、周續之、宗炳、謝靈運、陶淵明等人，都來到山中向慧遠求法，奉慧遠為思想領袖。

慧遠在道德及佛學思想上，皆以道安為楷模，並將道安思想加以擴大發展，成為淨土宗宗師。道安的佛學思想兼善各家，對小乘毗曇學也深入研究；慧遠傳承道安此思想，延請毗曇學大師僧伽提婆到廬山，譯出《阿毘曇心論》、《三法度論》。當《阿毘曇心論》譯出後，慧遠極為高興視為珍寶，還專門寫序，稱此論為「三藏之要領」、「管統眾經」。毗曇學能在東晉風靡，是經過道安、慧遠的倡導與翻譯，形成穩固的學風。

慧遠師承道安學風，極重視禪經（宣說禪定之學）。鳩摩羅什大師翻譯的經典以大乘空宗為主；而智嚴從印度請來的禪師佛陀跋陀羅，則專精於小乘說一切有部的禪學，與羅什的門派不同。佛陀跋陀羅便離開長安，率領四十多名弟子來到廬山；慧遠十分歡迎，請他翻譯出《修行方便禪經》，慧遠並為之作序，認為修學佛法應以禪學為宗。禪學弘揚於江南，得力於慧遠的宣揚。

慧遠出家於北方，北方流行重視禪觀，風行依照禪經修行。當《觀無量壽佛經》及《無量壽佛經》傳入，往生西方極樂淨土的修法便為佛教徒所知。待鳩摩羅什翻譯出《佛說阿彌陀經》，往生西方極樂淨土的修法為慧遠大師所重視，便將禪觀修行與極樂淨土結合，發展出禪觀念佛方法。也就是觀想阿彌陀佛與極樂世界的殊勝，達到「是心是佛，是心作佛」的禪定修行法。東晉慧遠法師是中國歷史上第一位介紹這種修行法門的人，也開創了以往生阿彌陀佛西方極樂世界為歸趣的淨土宗。

某年夏天，東林寺白蓮花盛開，他邀集了包括劉遺民、宗炳在內等一百二十三名弟子，在廬山精舍無量壽佛前共同發願，建齋立誓，共祈往生西方極樂淨土，乃令劉遺民為這次的白蓮結社撰述發願文，勒之於石，發願每個人都在淨土相會，無論誰先登淨土彼岸，定會互相提攜，隨阿彌陀佛返回娑婆接引後進，同登極樂。又有王喬之等數人，作念佛三昧詩，以見其心志，慧遠為之作序。此白蓮社一百二十三人皆往生極樂淨土，因為他們都見佛了。

期間有名士謝靈運，見到廬山白蓮社殊勝，肅然心服。為東林寺鑿東西二池，種白蓮花，要求能加入白蓮淨社；慧遠大師以其心紛雜，而止卻他的要求。因為他們是修專思寂想的念佛三昧法，故需屏除心思雜妄者。

這次的立誓結社，成為中國佛教史上著名的「白蓮結社」，也是中國修持西方極樂世界淨土信仰成功的著名榜樣，慧遠大師因此被尊稱為中國淨土宗初祖。

東晉義熙十二年歲次丙辰，八月初，慧遠大師病篤；至六日，已經不能起身。眾人見他不能進食，送來豉酒，讓他補充元氣，慧遠以有違戒律，不肯飲；眾人請他飲米汁，亦不允；再請他飲蜜汁，大眾不覺之中已順寂。慧遠大師臨命終時仍然持戒，「寧為守戒死，不為破戒生」，享壽春秋八十有三歲。大師為道安徒眾中最著名的成就者。

結語

道安法師聰穎博學、求知若渴，在經典流傳未廣泛之時，拜訪明師而得遇佛圖澄大師，奠定道基，精研法義。

在長期艱困的戰爭顛沛期間，道安法師用精進修行、勤勉講學、深刻的佛法義理度眾，讓眾生安心於法義修行，以成就道業。並用生命智慧保護徒眾，在戰爭危險發生前便做出適當的決定，引領徒眾度過難關；更能度化國王、官員、仕紳、名流等向道者，讓大眾減少恐慌，護生亦護心，穩定民心，提升智慧。這是何等的大能量、承擔與魄力，猶如菩薩之護生。

道安法師並勇敢地突破傳統「格義」解經的藩籬，認為闡揚教義應該用正解才恰當。弘揚佛法是每個出家人的責任，應當以佛法本意弘揚，不可一直依附外學，依前人之格義方法解經只是過渡。堅持空義的正解，是道安法師的正見；在般若經典未大量翻譯前，為般若學開啟正確見解，力弘般若學，深耕茁壯，為中國般若學之大弘開啟奠基之功。

此外，僧尼軌範、一統釋姓、科制佛經等舉措，都是先知卓見，開啟中國佛教特有的風格，讓道安被譽為中國佛教制度的開創者；亦因有道安大師對中國佛教之改革與弘傳，方能令中國成為佛教蓬勃發展之大國。

附錄

道安大師年譜（西元三一二至三八五年）

歲數　西元　南北朝帝號、年號

一歲　三一二　西晉懷帝永嘉六年、前趙嘉平二年

◎出生於常山扶柳縣（今河北省冀縣境），俗姓衛。

四歲　三一五　西晉愍帝建興三年、前趙嘉平五年

◎劉曜軍隊攻陷冀州等地，父親被虜殺。

五歲　三一六　西晉愍帝建興四年、前趙建元二年

◎父親戰亡，母親孔氏不久亦病逝，道安被表兄收養。

◎愍帝出降，西晉滅亡（西元二六五至三一六年），中國北方進入五胡十六國時代（西元三〇四至四三九年）。

七歲　三一八　東晉元帝太興元年、前趙麟嘉三年
◎始讀儒家經典、五經文義，再覽能誦，鄉鄰嗟異。

十二歲　三二三　東晉元帝太寧元年、前趙光初六年
◎在常山扶柳福安寺出家為僧，神性聰敏；而形貌至陋，不為師重。三年田間執勞就勤，曾無怨色；且精進修持，齋戒無闕。

十五歲　三二六　東晉元帝咸和元年、前趙光初九年
◎方啓師求經，得《辯意經》五千言、《成具光明經》約一萬言，皆休息時閱覽，暮復還師，皆能過目成誦；師執經覆之，不差一字，師異其才。

十九歲　三三〇　東晉元帝咸和五年、後趙建平元年
◎石勒登位，事佛圖澄為國師，稱大和尚。

二十歲　三三一　東晉元帝咸和六年、後趙建平二年
◎得到剃度師父同意，受比丘大戒，並能自由外出遊學。

二十三歲　三三四　東晉成帝咸和九年、後趙延熙元年

◎收弟子曇徽，時曇徽年十二歲。

◎弟子慧遠出生（後成中國淨土宗初祖）。

二十四歲　三三五　東晉成帝咸康元年、後趙建武元年

◎佛圖澄輔佐石勒、石虎君主共三十餘年（西元三一〇至三四八年），甫稱帝不久的石虎便遷都鄴城，佛圖澄也隨之到了鄴城。

◎道安與曇徽師徒遊學至鄴都（今河北臨漳縣），師事佛圖澄大師。

◎佛圖澄講經後，道安覆講，疑難鋒起，道安挫銳解紛，行有餘力。時人語曰：

「漆道人，驚四鄰。」

◎道安二十四歲至三十五歲左右皆事佛圖澄，奠定佛法根基。大約佛圖澄往生前兩年，道安帶領數名弟子外出遊學。

三十三歲　三四四　東晉康帝建元二年、後趙建武十年

◎萬世譯經師鳩摩羅什出生於龜茲國。

三十七歲　三四八　東晉穆帝永和四年、後趙建武十四年

◎佛圖澄於後趙建武十四年十二月八日於鄴宮寺圓寂，享壽一百一十七歲。師父圓寂後，道安還歸冀州鄴都。

三十八歲　三四九　東晉穆帝永和五年、後趙太寧元年

◎道安再至鄴都，住受都寺，徒眾數百，常宣法化。

◎五月，石遵遣中使竺昌蒲召請道安入住鄴北「華林園」，為之廣修房舍。

◎道安感受到後趙石氏「國運將危」；為避戰亂，於是離開鄴城，遷徙至鄴西北牽口山，當時僧團四百餘人。

◎魏帝冉閔繼石氏而起，後來頒布殺胡羯令，中原大亂，時殺胡、饑荒、疾疫造成屍骨遍野，人民相食。北方不安，道安再次遷徙，到王屋山、女休山，再遷至濩澤山（今山西省陽城）。

三十九歲　三五〇　東晉穆帝永和六年、後趙永寧元年

◎道安三十八歲至四十一歲（西元三四九到三五二年），於濩澤潛修，完成

多本經典註疏，包括《大十二門經》、《小十二門經》、《安般守意經》、《道地經》、《陰持入經》。

◎當時追隨或投靠道安者眾多，著名的有竺道護、竺僧輔、支曇、竺法濟等人。

◎與太陽比丘竺法濟、并州支曇講《陰持入經》，析槃暢礙，造茲注解。

四十一歲

三五二　東晉穆帝永和八年、冉魏永興三年

◎正月，苻健稱帝，建立前秦，定都長安。四月，燕軍攻破鄴城執魏帝。五月鄴中大饑，人相食，燕人斬冉閔於龍城。旱蝗等災大起，道安遷徙。

◎約年底時，北方戰事消歇，道安與同學竺法汰等，帶領部分僧眾離開，北上隱至雁門郡的飛龍山（今河北獲鹿縣鹿泉市），距老家常山扶柳甚近。

◎遇沙彌時好友僧先、道護，乃共披文屬思，新悟頗多。

◎討論「格義」，道安曰：「先舊格義，於理多違。」認為格義於理多違，對格義已有新悟。

四十二歲

三五三　東晉穆帝永和九年、前燕元璽二年

◎開始研讀《修行道地經》，此經在東晉江東早已知名。

◎當時欲擺脱格義，但與僧先等法師在註經原則上產生分歧。

◎道安再次嘗試擺脱格義傳統，來註解《修行經》（即《修行道地經》），在佛教史上開啓新的註經模式。

◎大約春夏之交，到達太行恆山創恆山寺（指河北唐縣大茂山），立寺傳教，聲名大振，號稱「改服從化，中分河北」，即指當地百姓受道安教化、改信佛教者遍布河北。

四十三歲

三五四　東晉穆帝永和十年、前燕元璽三年

◎在太行山恆山寺講《般若經》，慧遠（時年二十一歲）、慧持（時年十八歲）隨道安出家，以道安為真吾師也，研求法藏。

四十四歲

三五五　東晉穆帝永和十一年、前燕元璽四年

◎武邑（今河北省武邑）太守盧歆，聞安清秀，使沙門敏見苦邀道安法師往武邑講法。道安與竺法汰到達武邑開講，其「名實既符，道俗欣慕」。

四十五歲　三五六　東晉穆帝永和十二年、前燕元璽五年

◎道安率慧遠等僧眾離開恆山，回到闊別已久的鄴城，住受都寺，徒眾數百，常宣法化。

四十六歲　三五七　東晉穆帝升平元年、前燕元璽六年／光壽元年

◎前燕遷都鄴城。

◎道安讓慧遠（二十四歲）登座講《般若經》。

四十九歲　三六〇　東晉穆帝升平四年、前燕光壽四年／建熙元年

◎正月，燕主慕容儁大閱兵後，突然身罹重病；慕容儁死，王族一度發生內訌。為保護僧團，道安趁隙率僧團撤離鄴都，出走鄴西北牽口山。

五十歲　三六一　東晉穆帝升平五年、前燕建熙二年

◎河內太守呂盧投降東晉，前燕數萬大軍包圍野王（今河南沁陽市）。道安率眾復渡黃河，率領法汰、慧遠等五百多僧眾，到達陸渾（今河南嵩縣東北）；生活條件非常困難，山棲木食，艱苦修學。

五十三歲　三六四　東晉哀帝興寧二年、前燕建熙五年

◎道安在陸渾開始編著《綜理眾經目錄》。

五十四歲　三六五　東晉哀帝興寧三年、前燕建熙六年

◎三月，前燕攻克洛陽，直逼陸渾，道安帶領僧團南下避難。河南諸城淪陷，道安再從南陽（河南省西南）往南逃難。

◎四月，路程中，接到習鑿齒來信邀請道安前往襄陽（今湖北襄陽）弘法，道安決定前往。遷徙往襄陽途中，行至新野，分張徒眾，將僧眾一分為三。命竺法汰帶四十餘僧前往揚州，法和帶部分僧眾向西入蜀，自己帶領約四百僧團南下襄陽。

◎到襄陽後，入住白馬寺，從事說法、傳教與著述。與當地名士習鑿齒深交，留有「四海習鑿齒，彌天釋道安」之佳對。

◎道安在襄陽十五年期間，每年講《放光般若經》兩遍，註解、整理經典。

◎在襄陽期間創立僧制，並一統釋姓，制定出家人以釋為姓，歸宗釋尊之下。

五十五歲　三六六　東晉廢帝太和元年、前秦（苻堅）建元二年

◎僧團迅速擴大，道安覺得白馬寺太小，或於本年開始，幾年內陸續籌建寺院，呈現峴山「一里一寺」奇景。

◎習鑿齒捐地習家祠附近建成谷隱寺，為道安親自選址的第一座寺院。

◎道安親建峴山寺（普樂寺），現稱為峴石寺。

◎道安派弟子四處勘查選址，如派慧遠建寺，往後數年完成甘泉寺、如珠寺、龍泉寺等。於襄陽建立十餘寺。

五十六歲　三六七　東晉廢帝太和二年、前秦建元三年

◎長沙太守騰含「於江陵捨宅為寺」，敦請道安派遣僧人至長沙寺住持，道安指派曇翼前往長沙寺住持。長沙寺為道安僧團在江陵的重要支派。

六十一歲　三七二　東晉簡文帝咸安二年、前秦建元八年

◎東晉發生大水災及旱災，官員郗超可能於此時期遣人供養道安送米千斛。郗超之佛學論著不少，現存《奉法要》為在家奉佛指南。

六十二歲　三七三　東晉孝武帝寧康元年、前秦建元九年

◎在東晉征西大將軍桓豁的邀請下，道安暫往江陵弘法，慧遠等隨行。同年，道安法師也與僧光法師、竺法汰法師南遊晉平講道弘化。

六十三歲　三七四　東晉孝武帝寧康二年、前秦建元十年

◎東晉大將朱序鎮守襄陽，執弟子之禮接道安回襄陽。

◎獲清河張殷捨宅建寺，並得各方護持，建立檀溪寺，於翌年完工。

◎東晉高臣謝安，雖然無法至襄陽會見道安，但因習鑿齒熱心推薦道安、謝安暗中護持，才有之後的東晉孝武帝下詔，賜道安一品王公俸祿之事。

◎撰就我國第一部佛經總目《綜理眾經目錄》一卷，在檀溪寺完成，後佚失。

六十四歲　三七五　東晉孝武帝寧康三年、前秦建元十一年

◎二月八日，得涼州刺史楊弘忠獻銅萬斤，建丈六釋迦佛像。

六十五歲　三七六　東晉太元元年、前秦建元十二年

◎四月二十三日，慧常自涼州寄與道安《首楞嚴經》、《須賴經》送達。

◎五月二十四日，慧常、慧辯等人在涼州發現內地失傳的《光讚般若經》，抄出託人送到襄陽道安處。道安將之與《放光般若經》對比，撰《合放光光讚隨略解》，並寫序言。

◎十月三日，撰〈漸備經十住梵名并書序〉。

◎十二月，道安所鑄丈六釋迦佛像成。安置於檀溪寺，該寺改稱金像寺。檀溪寺為釋迦像舉行開光法會，苻堅遣使贈送外國金箔倚佛像，高七尺，又金作像、金縷繡像織成像、結珠彌勒像等，各一尊。慧遠奉道安之命，作〈晉襄陽丈六金像贊序〉，並於浴佛節時舉行佛銅像行佛法事。

◎東晉孝武帝下詔，授道安法師，一品王公最高俸祿，以襄助弘法。

六十六歲　三七七　東晉太元二年、前秦建元十三年

◎前秦太史向苻堅上奏，有星在外國分野出現，說明有「聖人」可以輔佐朝政。苻堅認為「聖人」應該是道安、鳩摩羅什。

六十七歲　三七八　東晉太元三年、前秦建元十四年

◎二月，苻堅派苻丕做統帥攻打襄陽。秦軍臨城，道安被朱序軟禁，無法離開襄陽。

◎臨危之際，道安思維，千餘人僧團，能將佛法傳播更遠大，以利益眾生。於襄陽再次分遣徒眾，分張徒眾有曇徽、法遇、慧遠、慧持等人，各領僧眾數十人分派各地，建立道場。諸人東下弘教，大師兄曇徽南適荊州上明寺。慧遠、慧持等人南下途中，也曾適於上明寺，慧遠後住江西廬山，建立東林寺。

六十八歲　三七九　東晉太元四年、前秦建元十五年

◎三月，苻丕攻陷襄陽城，道安、朱序、習鑿齒等人被送到關中長安（今陝西西安）。道安得苻堅的優遇，住五重寺，從事傳教與翻譯佛經，並參與政事。僧眾數千人，大弘法化。

◎主持翻譯，曇摩持、竺佛念譯出《十誦比丘戒本》，初冬完成，道安為寫〈比丘大戒序〉。僧純、曇充自龜茲沙門佛圖舌彌處得《比丘尼大戒》（亦云《十

誦比丘尼戒》）一卷。十一月，曇摩持與竺佛念共譯出《尼受大戒法》、《教授比丘尼二歲壇》、《比丘尼大戒》等。

七十歲　三八一　東晉太元六年、前秦建元十七年

◎道安博涉群書，名聞廣識；苻堅勅學士，內外學有疑，皆以道安為師。京兆為之語曰：「學不師安，義不中難。」

七十一歲　三八二　東晉太元七年、前秦建元十八年

◎罽賓律學沙門耶舍出《鼻奈耶經》（亦名《鼻奈耶律》），道安翻譯時有四卷，後流傳增至十卷。道安為作〈鼻奈耶序〉。

◎令鳩摩羅佛提出《阿毗曇抄》（即《阿毗曇心》），夏天完成。

◎八月，到河北鄴城拜祭佛圖澄。再一路往東，與法和前往山東泰山金輿谷拜會同門竺僧朗。

◎令鳩摩羅佛提執胡本出《四阿鋡暮抄》，八月到十一月便翻譯完成，是於鄴城禮佛圖澄行程中完成。道安為作序〈四阿鋡暮抄解〉。

◎九月，苻堅派呂光攻打龜茲，為求取鳩摩羅什。
◎摩羅跋提獻出《摩訶鉢羅若波羅蜜經抄》，道安主持翻譯，並為作序。
◎道安復制定戒規，制僧尼軌範，佛法憲章條三例；天下寺舍，遂則而從之。
◎冬十一月，道安與苻堅同輦遊於東苑，力勸前秦苻堅勿征伐東晉，苻堅不聽。

七十二歲

三八三　東晉太元八年、前秦建元十九年

◎主持翻譯，三月五日罽賓僧伽跋澄出《婆須蜜菩薩所集論》十卷，道安與法和對校修飾，至七月十三日乃訖。
◎七月，苻堅攻打東晉。
◎戰事中仍主持翻譯，罽賓僧伽跋澄出《鞞婆沙阿毗曇論》，八月完成，道安為作〈十四卷鞞婆沙序〉。
◎僧伽提婆於長安譯《阿毗曇八犍度論》三十卷，十月完成，道安為之作序。
◎十一月，淝水之戰，前秦失敗。

七十三歲　三八四　東晉太元九年、前秦建元二十年

◎三月，慕容沖起兵反叛，九月兵臨長安城。城中已交戰，道安仍主持譯場，戰鼓聲中不停翻譯經典。

◎竺佛念、曇摩難提合譯《中阿含經》五十九卷，道安為之作序。

◎趙文業復令罽賓僧伽跋澄譯《僧伽羅剎所集佛行經》三卷，道安與法和對檢定之。道安以佛經所譯，秦言未精，復與趙文業研覈理趣，每存妙盡，十一月三十日誦，至建元二十一年二月九日方訖。道安為之作序。（因此紀年，有學者認為，道安應該晚於二月八日往生。）

七十四歲　三八五　東晉太元十年、前秦建元二十一年

◎竺佛念、曇摩難提合譯《增一阿含經》四十一卷，春天完成，道安與法和共考正，道安為之作序。

◎隱士王嘉訪道安。

◎春正月二十七日，忽有聖僧來寺，告其須洗浴聖僧。道安請問來生所之處，聖僧以手撥天之西北，即見雲開，備覩兜率妙勝之報。

◎二月八日釋迦佛出家紀念日，道安圓寂往生彌勒兜率淨土，葬於五重寺。

參考資料

一、藏經類（依朝代序）

後漢．支曜譯，《佛說成具光明定意經》，《大正新修大藏經》第十五冊。
後漢．安世高譯，《佛說溫室洗浴眾僧經》，《大正新修大藏經》第十六冊。
後漢．安世高譯，《人本欲生經》，《大正新修大藏經》第一冊。
吳．月氏優婆塞支謙譯，《了本生死經》，《大正新修大藏經》第十六冊。
吳．康僧會譯，《六度集經》，《大正新修大藏經》第三冊。
失譯人名，今附秦錄，《別譯雜阿含經》，《大正新修大藏經》第二冊。
後魏．法場譯，《辯意長者子經》，《大正新修大藏經》第十四冊。
元魏．慧覺等譯，《賢愚經》〈堅誓師子品〉，《大正新修大藏經》第四冊。
西晉．竺法護譯，《佛說彌勒下生經》，《大正新修大藏經》第十四冊。
尊婆須蜜造，符秦罽賓三藏僧伽跋澄等譯，《尊婆須蜜菩薩所集論》，《大正新修大藏經》第二十八冊。

東晉．釋道安撰，〈增壹阿含經序〉，《大正新修大藏經》第二冊。

東晉．釋道安撰，〈道行般若經序〉，《大正新修大藏經》第八冊。

東晉．釋道安撰，〈人本欲生經序〉，《大正新修大藏經》第三十三冊。

東晉．釋道安撰，《人本欲生經註》，《大正新修大藏經》第三十三冊。

東晉．釋道安撰，〈鼻奈耶序〉，《大正新修大藏經》第二十四冊。

東晉．釋道安撰，〈安般注序〉、〈陰持入經序〉、〈十二門經序〉、〈大十二門經序〉、〈道地經序〉、〈合放光．光讚略解序〉、〈道行經序〉、〈摩訶鉢羅若波羅蜜經抄序〉、〈比丘大戒序〉，收入梁．釋僧祐撰《出三藏記集》，《大正新修大藏經》第五十五冊。

梁．釋僧祐撰，《出三藏記集》，抄錄道安法師注經〈新集安公注經及雜經志錄第四〉，《大正新修大藏經》第五十五冊。

東晉．釋法顯，〈自記遊天竺事〉，《高僧法顯傳》，《大正新修大藏經》第五十一冊。

東晉．支道林，〈不眴菩薩讚〉、〈法作菩薩讚〉、〈首閈菩薩讚〉出自唐．道宣撰《廣弘明集》，《大正新修大藏經》第五十二冊。

劉宋・沙門釋慧簡譯，《請賓頭盧法》，《大正新修大藏經》第三十二冊。

劉宋・求那跋陀羅譯，《雜阿含經・一〇一七經》，《大正新修大藏經》第二冊。

梁・慧皎撰，《高僧傳》〈竺佛圖澄一〉、〈竺佛調三〉、〈釋道安〉、〈釋僧光傳〉、〈竺法雅〉（附於〈釋法和〉傳之下）、〈曇柯迦羅〉、〈釋法和〉、〈竺僧朗〉、〈竺法汰〉、〈釋僧先〉、〈竺僧輔〉、〈竺僧敷〉、〈釋法遇〉、〈釋曇翼〉、〈釋曇徽〉、〈釋道立〉、〈釋曇戒〉、〈釋道壹〉、〈釋慧遠〉、〈釋慧持〉、〈釋僧叡〉、〈釋道恒〉、〈釋僧䂮〉，《大正新修大藏經》第五十冊。

梁・寶唱撰，《經律異相》，《大正新修大藏經》第五十三冊。

梁・寶唱撰，《名僧傳抄》「曇戒願生兜率事」，《卍新纂續藏經》第七十七冊。

不詳譯者，《彌勒經遊意》，《大正新修大藏經》第三十八冊。（原出處爲《大日本續藏經》，是大谷大學藏寫本。）

婆藪跋摩造，陳・眞諦譯，《四諦論・思擇品》，《大正新修大藏經》第三十二冊。

隋・沙門釋慧遠撰，《溫室經義記》，《大正新修大藏經》第三十九冊。

隋・費長房等撰，《歷代三寶紀》，《大正新修大藏經》第四十九冊。

唐·道宣撰，《廣弘明集》，《大正新修大藏經》第五十二冊。
唐·道液集，《淨名經集解關中疏》，《大正新修大藏經》第八十五冊。
唐·般剌蜜帝譯，《大佛頂如來密因修證了義諸菩薩萬行首楞嚴經》，《大正新修大藏經》第十九冊。
唐·慧琳撰，《一切經音義》，《大正新修大藏經》第五十四冊。
唐·智昇撰，《開元釋教錄》，《大正新修大藏經》第五十五冊。
唐·道世，《法苑珠林》，《大正新修大藏經》第五十三冊。
唐·道世集，《諸經要集》，《大正新修大藏經》第五十四冊。
宋·志磐撰，《佛祖統紀》，《大正新修大藏經》第四十九冊。
宋·贊寧，《大宋僧史略》，《大正新修大藏經》第五十四冊。
宋·曉月注，《夾科肇論序注》，《大藏新纂卍續藏經》第五十四冊。
元·曇噩述，《新修科分六學僧傳·晉道立》，《卍新纂續藏經》第七十七冊。
清·弘贊輯，《兜率龜鏡集》「曇戒法師」，《卍新纂續藏經》第八十八冊。
李昉等編輯，《太平廣記選輯·釋道安》，《卍新纂續藏經部別·異僧三》第十七冊。
清·彭際清撰，《淨土聖賢錄》，《卍新續藏》第二冊。

二、專書（依出版時間序）

湯用彤著，《漢魏兩晉南北朝佛教史》，中華書局再版，一九六二重印。

田博元著，《釋道安研究》，原泉出版社，一九八二。

小野玄妙著．楊白衣譯，《佛教經典總論》，新文豐出版社，一九八三。

呂澂等著，《中國佛教人物（上冊）》〈人物時序，六．竺佛圖澄、七．道安〉，彙文堂，一九八七。

劉貴傑著，《東晉道安思想研究》，文津出版社，一九九二。

龔雋著，《中國僧制開創者：道安大師傳》，佛光文化，一九九六。

陳啓淦著，《東方聖人道安大師》，法鼓文化，一九九六。

王壽南主編，《中國歷代思想家一六：嵇康．王弼．葛洪．郭象．道安．慧遠．竺道生．寇謙之》（道安為藍吉富撰寫），臺灣商務，一九九九。

印順法師，《佛教史地考論》（妙雲集．下編之九），正聞出版社，二〇〇〇。

印順法師，《太虛大師年譜》（妙雲集．中編之六），正聞出版社，二〇〇〇。

洪義男編繪，《一統釋姓：道安大師》，佛光文化，二〇〇二。
胡中才，《道安著作譯注》，北京：宗教文化出版社，二〇一〇。
胡中才，《道安研究》，北京：宗教文化出版社，二〇一一。
崔濤著，《大家精要：道安》，昆明：雲南教育出版社，二〇一二。
胡中才，《道安蹤跡考析》，北京：宗教文化出版社，二〇一六。
賴志銘，《鳩摩羅什——七佛譯經師》，慈濟人文志業中心．經典雜誌，二〇一八。
杜繼文，魏道儒，《中國禪宗通史》下冊，龍圖騰文化，二〇一九。
釋大參，《慧遠大師——漢傳淨土宗初祖》，慈濟人文志業中心．經典雜誌，二〇二〇。

三、單篇論文（依出刊時間序）

劉貴傑，〈僧叡思想研究〉，《中華佛學學報》第三期，一九九〇年四月。
劉貴傑，〈玄學思想與般若思想之交融〉，《國立編譯館館刊》，第九卷第一期。
妙日法師，〈道安格義佛教思想述評〉，《普門學報》第五期，二〇〇一年九月，佛光山普門學報社。

屈大成，〈中國判教思想的濫觴〉，《正觀雜誌》第二十一期，二〇〇二年六月。

黃寶珊，〈六家七宗格義問題與玄學關係之分析〉，《普門學報》第二十六期，二〇〇五年三月，佛光山普門學報社。

〈彌天釋道安：高山仰止（七）〉，《香光莊嚴雜誌》第九十五期，二〇〇八年九月二十日（釋道安特刊）。

古正美，〈佛教傳播與中國佛教國家的形成〉，《成大歷史學報》第四十號，二〇一一年。

四、辭典：

Acce1on3 開放古籍平臺，包含四十八種數據資料庫，包含四庫全書、二十六史、年表、辭典、字典、全唐詩、報紙、雜誌、套書、及大藏經、多種大師著作、佛學著作、辭典、百科等，包括《佛教辭典》、《佛光大辭典》、《中華佛學百科》等。

五、網路資料：

《維基百科》

《百度百科》

《華人百科》

國家圖書館出版品預行編目(CIP)資料

道安大師：彌天聖人／釋慧謹編撰 — 初版
臺北市：經典雜誌，慈濟傳播人文志業基金會，2022.11
400 面；15×21 公分 —（高僧傳）
ISBN 978-626-7205-07-5（精裝）
1.CST:（晉）釋道安 2.CST: 佛教傳記
229.332 111017221

道安大師——彌天聖人

創 辦 人／釋證嚴

編 撰 者／釋慧謹
責任編輯／賴志銘
行政編輯／涂慶鐘
美術指導／邱宇陞
插圖繪者／李炯毅
校對志工／林旭初

發 行 人／王端正
合心精進長／姚仁祿
傳 播 長／王志宏
平面內容創作中心總監／王慧萍

內頁排版／尚璟設計整合行銷有限公司
出 版 者／經典雜誌
慈濟傳播人文志業基金會
112019臺北市北投區立德路2號
客服專線／（02）28989991
傳真專線／（02）28989993
劃撥帳號／19924552 戶名／經典雜誌
印 製／新豪華製版印刷股份有限公司
經 銷 商／聯合發行股份有限公司
231028新北市新店區寶橋路235巷6弄6號2樓
（02）29178022
出版日期／2022年11月初版一刷
定 價／新臺幣380元